OBOCK

EXPLORATION

DU

GOLFE DE TADJOURA, DU GUBBET-KHARAB ET DE BAHR-ASSAL

Par L. DE SALMA

السلطنة الجديدة

Prix : 2 francs

PARIS

A. FAIVRE, ÉDITEUR

BRAIRIE AFRICAINE ET COLONIALE

27-31, RUE BONAPARTE, 27-31

1893

OBOCK

Exploration du golfe de TADJOURA,
du GUBBET-KHARAB et de
BAHR-ASSAL

ANGERS, IMPRIMERIE LACHÈSE ET Cie

OBOCK

EXPLORATION

DU

GOLFE DE TADJOURA, DU GUBBET-KHARAB ET DE BAHR-ASSAL

Par L. DE SALMA

Prix : 2 francs

PARIS

A. FAIVRE, ÉDITEUR

LIBRAIRIE AFRICAINE ET COLONIALE

27-31, RUE BONAPARTE, 37-31

1893

TABLE DES MATIÈRES

I

Le 10 février 1893 je quittai Paris
par le rapide de 8 heures 25 du soir,
pour aller à Marseille m'embarquer à
destination d'Obock, où j'avais à remplir une mission d'exploration. Le
lendemain, ponctuellement à 10 heures
23 minutes, le train entrait en gare
de Marseille.

Muni de mon billet de passage pris
à Paris au bureau des Messageries
Maritimes, je n'avais à me préoccuper
d'aucune autre formalité à remplir ;

il me suffisait d'être présent à bord quelques instants avant le départ, lequel ne devait avoir lieu que le jour suivant.

Je profitai de la journée que j'avais devant moi, pour voir des amis et prendre quelques dispositions dernières relativement à ma mission.

Le lendemain, 12 février, jour réglementaire du départ du courrier de la côte orientale d'Afrique, je m'embarquai à 4 heures du soir, sur le *Peï-Ho*, navire de 117 mètres de longueur, 3,325 tonneaux de jauge et de 2,400 chevaux, commandant Trocmay. Nous franchissions la passe Sud du port de la Joliette à 5 heures du soir, doublions Bonifacio le 13 au matin, et le 14 à midi, nous passions le détroit de Messine.

Vous voyez, par la rapidité de mon récit, que mon intention n'est point de vous faire subir une description des côtes, des îles, des détroits, des villes observées pendant la route et de faire, une fois de plus, défiler à vos yeux la Méditerranée, le canal de Suez et la Mer Rouge. Ce sont sentiers battus, choses ressassées par trop de voyageurs déjà, avec autant de talent que de fantaisie. Je me hasarderai d'autant moins à le faire, que je me sens d'avance tout porté à commettre la naïve maladresse de sacrifier à la vérité pure toute la pompe des descriptions dithyrambiques, qui font pousser au lecteur crédule des exclamations admiratives. Mon récit serait trop terre à terre.

A quoi bon, d'ailleurs, tenter la description des plus anciennes routes du monde, courues par tous les peuples depuis des milliers d'années. De telles narrations ne sauraient être sincères, car pour sortir du banal et intéresser par quelque chose de neuf, il faut faire appel à l'imagination la plus indépendante. Chacun sait comment on procède

pour fournir une belle description,
quand les matériaux font défaut ou qu'il
ne reste rien à glaner sur le chemin
suivi : on invoque le souvenir d'un de
ces panoramas féeriques, si nombreux
au pays du soleil, qu'on a visité dans
un précédent voyage, ou même qu'on n'a
jamais vu, mais simplement imaginé
d'après les récits des maîtres d'antan.
La description applicable une fois
trouvée, on la sert en en la modifiant
la forme et les teintes. Voulez-vous
dépeindre la Corse, la Sicile, la Crète,
une île quelconque rencontrée sur la
route, entrevue dans le lointain : vous
trouverez certainement quelque chose
de ce genre à retaper dans les clas-
siques ; en supprimant les nymphes et
y laissant la garniture de printemps
perpétuel, vous aurez tout un lot d'îles
modernisées à présenter, en très beau
style, si vous n'avez pas trop écorché le
maître. Et de même pour tout le reste.

Que de déceptions ces descriptions mirifiques n'ont-elles pas fait éprouver; que de curieux n'ont plus retrouvé au but du voyage les splendeurs promises, ni même reconnu la chose décrite; c'était un *lapin*, car tout est *lapin* dans ces pharamineux récits; on n'en trouve pas deux qui soient conformes. Nous a-t-on assez décrit la Grèce!... Certes, elle abonde en choses merveilleuses, mais que cela ressemble peu aux récits de la plupart des écrivains qui prétendent nous initier.

Ah! les descriptions, il y en a de bien bizarres : j'en lisais encore une, il y a peu de temps de cela, suée par un écrivain à la vogue naissante. Il dépeignait un tableau représentant le Christ mort sur la croix; pour être saisissant et réaliste, il n'avait rien trouvé de mieux que de faire couler des plaies du Christ de la crême, du vin de la Moselle, mêlés à des sanies inno-

mables minutieusement détaillées. Si
on en juge par la fatigue qu'éprouve
le lecteur pour aller jusqu'au bout de
cette tirade incohérente et sentant
l'huile, quelle peine n'a pas dû se donner l'écrivain qui l'a si laborieusement
extraite de son cerveau !...

Cette petite incursion dans les plates-
bandes des voyageurs décrivants, nous
a tout doucement conduit à Port-Saïd.
Nous y arrivâmes le 17, à 7 heures du
soir ; trop tard pour pouvoir subir la
visite sanitaire, imposée par suite de
quelques cas de cholérine signalés à
Marseille. Une observation de cinq
jours était imposée aux navires sortis
de ce port ou y ayant pris contact. Ce
laps de temps était bien écoulé pour
nous ; puisque nous étions en mer
depuis cinq jours et quelques heures ;
mais encore fallait-il qu'il fût officiel-
lement constaté qu'aucun cas suspect
ne s'était manifesté pendant la route.

Le médecin de la *Santé* vint remplir cette formalité le lendemain à 8 heures.

Nous ne pûmes donc entrer dans le canal que le 18 à 9 heures 1/2 du matin. Nous passions à Ismaïlia à 7 heures du soir, et débouchions dans la Mer Rouge le 19 à 5 heures du matin.

Cette traversée, c'est le cas ou jamais de le dire, fut d'un calme plat d'un bout à l'autre.; rien de saillant à signaler, pas de gros temps, pas le moindre de ces épisodes émouvants qui font si bien dans les récits des voyageurs et que l'imagination grossit, enfle, crée même quand ils ne se produisent pas. Le ciel fut inexorablement bleu et la mer absolument calme.

N'ayant donc rien à relater qui sorte de la banalité ordinaire de ces voyages toujours pareils, je vais profiter de l'occasion pour consigner ici quelques remarques sur les traversées de mer en général.

Tous ceux qui ont fait quelques voyages sur nos grands paquebots, ont pu remarquer la prodigieuse quantité de fonctionnaires qui voyagent, généralement accompagnés d'une nombreuse smala ; faisant ainsi la navette entre la France et nos colonies minuscules de l'Atlantique ou de l'Océan Indien, et plus particulièrement dans ce dernier, sur nos lignes de l'hémisphère sud. Je parle, bien entendu, en thèse générale et ne vise point spécialement cette traversée, où ces messieurs n'étaient pas très nombreux : sur les quatre-vingts passagers du *Peï-Ho,* on ne comptait que douze fonctionnaires avec autant de personnes à leur suite, soit en tout vingt-quatre passagers voyageant aux frais du bon contribuable. C'était, d'ailleurs, la saison la moins propice à ces sortes de déplacements; mais, vers les mois d'avril, mai et juin, c'est une véritable migration de fonctionnaires , allant passer en France la saison chaude des pays intertropicaux ou en revenant, suivant la situation géographique de leur fromage. Tout cela, avec la même aisance que nous allons de Paris, passer une couple de mois sur les plages de Normandie ou de Bretagne ; avec beaucoup plus d'aisance même, car les frais de ces déplacements sont bien le cadet de leurs soucis, tandis que nous n'allons, nous, en villégiature qu'au détriment de notre bourse et de nos affaires.

Par une rare exception, les trois ou quatre fonctionnaires qui étaient en première classe étaient des gens de relation fort agréable et de réelle valeur et, ce qu'il y a de plus surprenant, leur voyage avait de sérieux motifs ; ils allaient par là-bas rendre de véritables services au pays. L'un d'eux a même, paraît-il, découvert un joli pot-aux-roses dans les caisses de certaine colonie ; un autre allait réparer les bévues d'un fils d'archevêque, jeune étourneau qu'on avait bombardé résident dans une des Comores. Voulant, comme beaucoup de prétentieux, débuter par un coup de maître, il avait mis en capilotade l'œuvre de ses prédécesseurs et compromis notre protectorat : d'où était résulté ce chassé-croisé de fonctionnaires. Mais en général ces messieurs ne sont malheureusement pas tous aussi aimables que nos compagnons de voyage et la plupart sont au contraire raides, cassants, désagréables pour les autres passagers. Le Français est ordinairement affable, gai, bon compagnon ; mais dès qu'il est détenteur d'une parcelle infinitésimale de l'autorité, dès qu'il est fonctionnaire même microscopique, il devient un être insupportable.

Comment se fait-il donc qu'en France, lorsqu'on désire leur réclamer les services qu'ils nous doivent, on ait tant de peine à rencontrer nos fonctionnaires à leur poste et qu'en voyage on soit encombré de leur présence. Cela ne tiendrait-il pas à la coûteuse manie que nous avons, de bonder de fonctionnaires de hasard le moindre coin de terre qu'on nous abandonne; petits tyranneaux possédés du délire d'administrer, réglementer, tracasser, en un mot, *raser* le malheureux colon jusqu'à ce qu'il déguerpisse, ou qu'on soit obligé de les déplacer eux-mêmes, après une gaffe plus retentissante que les autres?

Voici, d'ailleurs, comment s'exprime sur ce chapitre *La Liberté*, du 19 mai 1893; on ne saurait mieux dire :

« Quand on aura soumis rigoureuse-
« ment le personnel civil à des condi-
« tions de recrutement et d'avance-
« ment, on aura dans cet ordre, des
« fonctionuaires de bon aloi, comme on
« en a déjà dans les ponts et chaussées

« et dans les mines. Mais, loin de
« s'astreindre à cette règle, on a fait
« des emplois coloniaux une sorte de
« *refugium peccatorum,* où celui qui
« n'est qu'un simple *quidam* est un
« homme d'élite.

« Nous savons très bien que l'on ne
« peut pas improviser dans ces ma-
« tières, mais depuis quinze ans que la
« République y travaille, il faut bien
« avouer que l'on n'a rien fait. Le service
« colonial est voué à un pis-aller, où
« les personnages influents envoient
« leurs mauvais sujets de parents
« manger de la vache enragée, comme
« on les envoyait autrefois à la pêche
« de la baleine. C'est doublement
« fâcheux, parce que ces fonctionnaires
« improvisés s'acquittent de leur tâche
« comme d'un pensum, et parce que
« ceux qui les recommandent, devenant
« hommes-liges de l'administration des
« colonies, sont obligés de se faire

« aussi ses complices, lorsque quelque
« méfait remonte à la surface et est
» signalé aux vigies parlementaires ».

Il est tout naturel que les hommes-
liges et les complices, ne se voient
point refuser les demandes de congé
qu'il plaît à ces fils d'archevêque
d'adresser et de faire appuyer par eux.
Ainsi s'explique en partie le nombre
considérable de fonctionnaires déambu-
lants et pérégrinants qui envahissent
nos courriers.

Il est encore une autre catégorie de
rongeurs du budget que l'on rencontre
partout, sur les paquebots, dans les
colonies, à l'étranger, sous toutes les
latitudes et sous tous les méridiens :
ce sont les individus exerçant le métier
de savant qui, à force de sollicitations
et avec l'appui de petites coteries d'ad-
miration mutuelle, ont obtenu une mission officielle pour aller étudier, qui les
coquillages du littoral de Blagopatan,

qui les insectes des îles Farceuses, qui les araignées ailleurs que sous son crâne, etc., etc. Comme si nos musées ne regorgeaient pas de collections de toutes sortes. La conchyliologie, l'entomologie, etc., sont depuis longtemps étudiées et, s'il y a lieu de compléter encore ces diverses branches de l'histoire naturelle, les lacunes à combler ne doivent pas être tellement grandes, qu'il soit nécessaire d'envoyer aux quatre vents cette armée d'hommes à lunettes.

Il faut voir ces bonshommes opérer gravement mais sans conviction, et s'efforcer néanmoins de faire croire aux autres *que c'est arrivé*. J'en ai rencontré bon nombre, un peu partout, et n'en ai vu qu'un seul, M. E. S..., de sincèrement convaincu ; mais il opérait à ses frais, pour lui-même ou pour des publications encyclopédiques.

En somme, ces empailleurs de cloportes, embaumeurs de punaises, palpent de forts subsides, font des collections qu'ils vendent cher à de bons jeunes gens apprentis savants. Ils voyagent avec des montagnes de colis, des hectolitres d'alcool, des outils, des pâtes, des désinfectants; ils taillent dans le budget, réquisitionnent même de l'argent dans les consulats et chez les gouverneurs et, finalement, rentrent en France avec de superbes collections d'étoffes, d'armes, de bijoux exotiques et rares, acquises *gratis pro Deo*, c'est-à-dire aux frais du bon contribuable de France. De plus, ils s'arrangent pour qu'il leur reste en poche une réserve d'argent pour attendre la mission prochaine, réserve qu'ils augmenteront par la vente aux naïfs de leurs collections puantes.

Le but principal de ces prétendues missions scientifiques peut, pour la plupart de ces pseudo-savants, se résu-

mer en peu de mots : faire « à l'œil »
d'intéressants voyages et vivre grasse-
ment. Comme disait l'un d'eux : « Je
garde les plus jolies pièces pour mes
collections et je donne les moins belles
au Muséum. »

Mon intention, en consignant ici ces
quelques observations de voyageur,
n'est point de prendre à parti les fonctionnaires ni même la coterie des savants empailleurs : ils profitent d'une
déplorable faiblesse de nos ministères
et de nos administrations, c'est leur
droit, c'est humain ; à leur place
d'autres en feraient tout autant. Ce qu'il
faut blâmer, c'est l'organisation défec-
tueuse qui permet de tels abus, et to-
lère ces fissures par où s'écoulent nos
ressources budgétaires.

Je m'aperçois qu'il est temps de laisser là les généralités, pour ne plus
m'occcuper que du présent voyage, car
nous sommes en vue du cap « Raz-

Bir », derrière lequel se trouve Obock,
qui va nous apparaître sitôt que nous
aurons doublé cette pointe. Je ne vou-
drais cependant pas quitter le *Peï-Ho*
sans dire quelques mots de mes compagnons de route et du bateau qui
nous porte.

Cette traversée est une des plus
agréables parmi celles déjà nombreuses
que j'ai faites, un peu sur toutes les
mers. Le commandant, le docteur,
l'agent des postes et tout le petit
groupe des passagers de notre classe
étaient charmants, tous aimables et
bons compagnons ; ce qui n'est pas en
voyage si commun qu'on pourrait le
penser. Le *Peï-Ho* était fort bien tenu,
la table excellente, le service irrépro-
chable, en un mot, tout y était parfait.

Nous étions au 23 février, onzième
jour de navigation depuis notre départ
de Marseille ; l'heure de mon débarque-

ment approchait. J'étais le seul passager à destination de notre colonie.

A neuf heures et demie du matin le *Pei-Ho* mouillait en rade d'Obok, à côté de la canonnière *Étoile*.

Je ne débarquai qu'à onze heures, le commandant et mes compagnons de route m'ayant gracieusement engagé à déjeuner à bord, proposition que j'acceptai avec plaisir, car vraiment c'était avec regret que je me séparais d'eux.

II

Obock ne possède pas d'hôtel proprement dit; il faut, comme je le fis,
demander l'hospitalité à un négociant
français, M. Mérignac, dont la maison de commerce, située au bord de
la mer, tient un peu de toutes sortes de
marchandises. Le rez-de-chaussée
forme une vaste salle, dont une moitié
est attribuée au commerce et l'autre est
réservée au café-restaurant; un billard,
dont les nombreuses cicatrices attestent
les longs services, en occupe le milieu.
L'étage, auquel on grimpe par un es-

calier en échelle de meunier, est destiné aux voyageurs. Il est divisé en trois chambres, à l'aide de cloisons en planches de deux mètres cinquante de hauteur.

Le mobilier est des plus sommaires : un lit composé d'un cadre porté par quatre pieds, comme une table, d'un matelas et de deux draps ; un lavabo peu compliqué et une table. Des portes et des fenêtres qui ne ferment pas ; pour murs de chambres, des séparations genre paravent ; un toit qui vous abrite du soleil mais nullement de la pluie, tel est le logement. Les repas sont pris dans la salle du bas. La nourriture est passable et très suffisante.

Sitôt installé dans cet hôtel rudimentaire, je m'empressai d'aller saluer M. le Gouverneur Lagarde, qui me fit le meilleur accueil et me témoigna la plus parfaite bienveillance. Durant tout mon séjour dans la colonie, ce haut fonctionnaire ne cessa de faire preuve de beaucoup d'affabilité et me facilita, par tous les moyens en son pouvoir, l'accomplissement de la mission dont j'étais chargé.

Dans la journée suivante je fis une visite au commandant de la canonnière *Etoile*, officier très distingué qui me reçut avec une courtoisie parfaite. Il eut l'amabilité de me présenter à son état-major, et pendant mon séjour à Obock, je pus entretenir avec nos braves marins les relations les plus agréables, empreintes de franche cordialité, comme il arrive toujours quand ces messieurs vous font l'honneur de vous admettre dans leur intimité.

Je fis également une visite aux Pères d'Afrique, qui ont à Obock le siège d'une de leur missions. Ces Pères relèvent de l'évêque catholique du Harar,

Mgr Thaurin. L'action de ces missionnaires en faveur de la propagande française est considérable, car ils jouissent de l'estime générale et les indigènes de tous les cultes les ont en grande vénération. Ils sont pour notre habile gouverneur de précieux auxiliaires politiques, dans le sens large et patriotique du mot.

On ne saurait, sans tomber dans l'exagération, dire qu'Obock soit ce qu'on est convenu d'appeler un beau port de mer, ni un de ces lieux enchanteurs si nombreux sur les rives des océans indiens ; mais, certes, la réalité vaut mieux que la réputation qu'on lui a faite. C'est un grand village faisant face au Sud-Est, c'est-à-dire regardant l'entrée du golfe de Tadjoura. Il se compose de deux parties : la partie haute appelée *campement,* formée d'une agglomération de bâtiments dans lesquels sont installés les services administratifs.

Tout le côté sud en est occupé par l'habitation du gouverneur, spacieuse et confortablement aménagée, mais manquant absolument de caractère architectural. C'est un grand cube blanc de maçonnerie, surmonté d'une toiture en zinc avec belvédère, ayant de loin l'aspect d'une colossale boîte à thé.

La partie basse du village comprend une vingtaine de maisons en pierre et de nombreuses paillotes.

La population se compose d'environ cinq cents habitants, dont une vingtaine d'Européens ainsi répartis : une douzaine de fonctionnaires et une dizaine de commerçants ou marchands ; le reste est un mélange d'Arabes, de Donakils et de Somalis.

J'avais compté effectuer mon expédition au Gubbet-Kharab et à Bahr-

Assal, avec l'escorte que devait ramener du Choa M. Chefneux, explorateur bien connu pour les éminents services qu'il a rendus à la France dans ses relations politiques avec l'empire éthiopien. Il m'avait avisé de son retour à la côte pour les premiers jours de février, et j'avais compté le trouver à Obock. Mais certaines complications diplomatiques, dont il ne m'appartient pas de parler, le retinrent pendant beaucoup plus de temps qu'il n'avait pensé auprès de l'Empereur d'abord et, ensuite, du Raz Maconen, vice-roi du Choa.

Il résultait des renseignements que le gouverneur avait bien voulu me donner, que M. Chefneux ne pouvait, en aucun cas, être de retour à Obock avant la fin du mois de mars, au plus tôt ; et que certaines circonstances pouvaient même le retenir plus longtemps encore au Harar, capitale du Choa.

Fort contrarié de voir ma mission

ainsi compromise par les événements, je me rendis chez le Père Léon, supérieur de la mission, homme de grande valeur, très au courant de tout ce qui se passe dans ces contrées, collaborateur estimé de Mgr Thaurin, tous deux amis de M. Chefneux, et secondant puissamment le gouverneur et l'explorateur dans leur lutte contre les intrigues anglo-italiennes.

Le Père Léon ne fit que confirmer ce que m'avait dit le gouverneur. M. Chefneux devait se rencontrer au Harar avec le Raz Maconen, pour se concerter avec lui sur certaines dispositions à prendre. Pour dérouter ses ennemis et les espions, il descendait par un autre chemin que celui qu'il avait coutume de suivre, par le Herer qu'il ne faut pas confondre avec le Harar. Une certaine effervescence régnait chez les peuplades établies sur les confins de l'Abyssinie, travaillées qu'elles étaient par les intrigues des Anglais et des Italiens. Plusieurs courriers du gouverneur et de M. Chefneux avaient même été attaqués et supprimés.

Il ne faut pas perdre de vue que la période des grandes chaleurs avançait à grands pas : c'est vers le 6 mai que le soleil passe au zénith de cette région. Le thermomètre y descend rarement au-dessous de 25 degrés à l'ombre en hiver ; en ce moment même nous avions 26 degrés à 8 heures du matin, 28 à 11 heures et 30 à 2 heures de l'après-midi, et la température va s'élevant progressivement jusqu'à 48 et même 49 degrés, au plus fort des chaleurs.

Il n'était pas possible de rester dans une telle situation, car il eût été singulier et dangereux, d'ailleurs, de rester inactif à Obock pendant deux mois, pour ne se mettre en route qu'à l'entrée de la saison la plus chaude ; il fallait aviser.

Je commençais donc à prendre mes dispositions, pour former une escorte armée et réunir les approvisionnements nécessaires à mon expédition, sans attendre le retour trop incertain de M. Chefneux, lorsque je fus avisé qu'un petit navire à vapeur *Beltégeuse* venait d'entrer en rade et devait bientôt se rendre à Djiboutil et Zeila, pour diverses opérations commerciales. Un négociant très lié avec le commandant de ce navire m'affirmait qu'il consentirait sans peine à me conduire jusqu'au Gubbet—Kharab et m'offrit, séance tenante, de m'accompagner à son bord et de me présenter à lui. Je m'empressai d'accepter l'offre et nous nous rendîmes immédiatement à bord de la *Beltégeuse*. Le commandant, homme très aimable, accueillit ma demande avec beaucoup de cordialité, affirmant qu'il était toujours disposé à faciliter l'œuvre des explorateurs dans les limites compatibles avec ses devoirs et l'intérêt de ses armateurs. Il nous expliqua qu'ayant quelques jours à perdre, avant que soit prêt le chargement qu'il devait prendre à Zeila, il lui était loisible d'aller les passer dans le Gubbet qu'il ne connaissait pas, et sur lequel on lui avait fait les plus intéressants récits. Ce voyage ne lui serait, d'ailleurs, pas inutile au point de vue commercial, ses armateurs lui ayant recommandé de se renseigner sur la situation présente et sur l'avenir des pêcheries de perles et de nacre dans la baie de Tadjoura.

Tout allait donc pour le mieux et le départ fut fixé au lendemain matin.

Le lendemain donc, 27 février, je me rendis à bord de la *Beltégeuse*, qui levait l'ancre à 8 heures du matin et faisait route vers Djiboutil où nous arrivions à midi.

Le déchargement des marchandises devant durer toute la journée, je profitai de ce séjour pour visiter la ville et les environs.

Djiboutil, bàti sur un petit promontoire de l'autre côté du golfe, a plus d'apparence qu'Obock ; les constructions en pierre y sont plus nombreuses et plus importantes ; les paillotes sont mieux dressées, les rues mieux alignées. On est là vraiment en présence d'une ville qui se fonde. Là aussi se trouvent les éléments d'avenir et de prospérité. La situation est meilleure qu'à Obock, la rade est excellente et propice à l'établissement d'un port, ce qui n'est pas le cas de sa rivale. Le marché des vivres y est mieux approvisionné, les jardins y sont plus nombreux et donnent d'assez heureux résultats.

Tandis qu'Obock ne possède que de petits comptoirs de détail, Djiboutil a deux grandes maisons de commerce ou factoreries, toutes deux françaises :

celle de M. Savouré, de la Compagnie franco-africaine, et celle de M. Pinot, ex-capitaine au long cours. On trouve toujours chez ces messieurs une hospitalité pleine d'affabilité. Le personnel est, comme les chefs, d'une amabilité parfaite, et tous ces messieurs sont heureux quand ils trouvent occasion d'être agréables à des compatriotes. M. Pinot, dont l'activité est incomparable et l'énergie à toute épreuve, est une véritable providence pour les explorateurs et les voyageurs qui visitent la colonie.

Le commandant me fit prévenir à la maison Savouré, où je devais passer la nuit et avais dîné avec le directeur M. Samuel et son personnel, que la *Bellégeuse* partirait le lendemain matin de très bonne heure ; je pris mes dispositions en conséquence.

Mon séjour à Djiboutil fut donc encore plus bref que celui que je venais de faire à Obock. Mais je me proposais

de revenir d'une façon plus étendue
sur la situation respective de ces deux
centres de notre territoire, sur leur
importance et, en général, sur l'avenir
de la colonie, lorsque le temps m'aurait
permis de mieux étudier la question et
de recueillir plus de renseignements.

Le lendemain, 28 février, à 6 heures
du matin, la *Beltégeuse* levait l'ancre
et mettait le cap dans la direction du
Gubbet-Kharab. A midi, par une très
forte brise nord-est et une grosse mer,
nous franchissions la passe du Gubbet,
après avoir un peu louvoyé devant
cette entrée, pour attendre que le jusant
fût moins fort. Le mauvais temps con-
tinuant à s'accentuer, le commandant
n'osa pas aller mouiller tout au fond du
Gubbet, sous le col qui mène au lac
Assal, comme nous nous l'étions pro-
posé, le vent qui s'y engouffrait avec
violence aurait pu nous drosser contre

les roches du fond. Nous nous réfugiâmes sous les îles du Diable, dans un endroit relativement abrité. A 1 heure et demie nous y mouillions l'ancre de tribord par 33 mètres de fond. Malgré les rafales et les fortes embardées du navire, nous ne chassâmes pas et l'ancre bien crochée ne broncha pas.

Le mauvais temps persista jusqu'au 4 mars. Nous étions en mer depuis cinq jours, alors que nous étions partis pour un voyage de quarante-huit heures ; aussi les provisions furent épuisées dès le 2 au soir, et l'on dut avoir recours, pour tout le monde, aux réserves du navire, consistant en endaubage, lard et fayots ; l'eau fut strictement rationnée.

Le 4, le temps s'étant un peu amélioré, la *Beltégeuse* quitta son mouillage à 6 heures du matin pour se rendre au fond du Gubbet, sous le col que nous nous proposions de visiter. Nous y mouillâmes à 7 heures du matin, environ à un mille de la côte, par une forte houle. Nous descendîmes aussitôt à terre avec quelques marins armés ; notre débarquement ne s'opéra pas sans difficulté.

Sitôt débarqués, nous montâmes vers le col situé à deux kilomètres de la mer. De ce point, nous aperçûmes au loin le lac Assal, tout bleu de notre côté, avec sa nappe de sel d'un blanc éclatant tout au fond à l'ouest, bien éclairé, resplendissant sous cet aveuglant soleil ; le coup d'œil était ravissant.

Malheureusement, la perte de ces quatre jours que le mauvais temps nous avait fait passer au mouillage des îles du Diable, ne nous permettait plus de nous livrer à une longue exploration.

La *Bellégeuse* devant se rendre à Zeila, nous ne passâmes que quelques heures à terre, le temps de faire quelques observations et prendre quelques notes. Mais, ce que je vis me parut tellement intéressant, que je me promis de revenir bientôt avec une expédition spécialement organisée. Les notes que j'avais prises pendant ces quelques jours passés au mouillage, étaient d'ailleurs suffisantes en ce qui concerne le golfe de Tadjoura et le Gubbet-Kharab.

A 11 heures, nous étions de retour à bord et la *Beltégeuse* appareillait aussitôt pour la baie de Del-Hara, située à deux milles de la passe du Gubbet, au nord, pour voir s'il ne serait pas possible d'y trouver de l'eau douce; mais nous ne pûmes y recueillir qu'un peu d'eau saumâtre. Nous couchâmes sur ce mouillage.

Le lendemain, dimanche 5 mars, à 9 heures du matin, nous quittions cette baie pour retourner à Djiboutil où nous arrivâmes à 3 heures. Après avoir remercié le commandant de son amabilité et du service qu'il m'avait rendu en me prenant à son bord, je me hatâi de débarquer, pour ne pas occasionner de retard à la *Bellégeuse,* qui se disposait à se rendre à Zeila, après avoir renouvelé ses provisions en vivres frais.

Le jour suivant, 6 mars, je quittai Djiboutil à 11 heures du soir, par le boutre du gouvernement le *Rapide,* pour me rendre à Obock, où j'arrivai à 5 heures du matin, après une absence de sept jours.

III

La colonie d'Obock se compose en réalité d'une bande de territoire de 300 kilomètres de développement, sur 30 kilomètres de largeur moyenne ; soit environ une superficie de 9,000 kilomètres carrés. Elle part du cap Doumeïrah (Raz Doumeïra) sur le détroit de Bab-el-Mandeb, et se termine au cap Djiboutil, en passant par le fond du Gubbet-Kharab , que je venais de visiter et Bahr-Assal que j'allais explorer bientôt.

La première cession de territoires faite à la France, le 11 mars 1862, s'arrêtait à Raz-Ali, sur le golfe de Tadjoura, limite du sultanat qui donne son nom au golfe. Depuis lors, des traités habilement passés par le gouverneur, M. Lagarde, avec les petits sultans de la côte, ont annexé à ce premier territoire tout le pourtour du golfe, soit à titre de propriété définitive, soit à titre de protectorat.

La colonie ne compte que deux centres européens où se soient fondés quelques établissements commerciaux, Obock et Djiboutil, dont j'ai esquissé la description. Le premier, situé par 40° 56' de longitude Est et 11° 57' de latitude Nord ; le second, à l'extrémité sud de la colonie, par 40° 59' de longitude Est et 11° 33' de latitude, sont placés à l'entrée du golfe, vis-à-vis l'un de l'autre, à une distance de 45 kilomètres par mer.

La direction générale du golfe est nettement Nord-Est Sud-Ouest, et sa pénétration dans l'intérieur des terres est de 80 kilomètres.

Tout le Nord de la colonie a été pris sur le territoire des Donakils, et tout le Sud sur celui des Somalis.

Comme toutes celles de l'Afrique orientale, sauf l'Abyssinie, ces deux peuplades appartiennent à l'Islamisme; mais paraissent avoir beaucoup plus d'attachement pour les mœurs et coutumes du monde musulman, que de zèle pour ses pratiques religieuses proprement dites, qu'elles n'observent qu'avec une certaine tiédeur.

Donakils et Somalis sont réciproquement animés d'une haine implacable. On peut dire que les hostilités sont entre eux à l'état permanent; tantôt ouvertement déclarées, tantôt ralenties ou suspendues, mais toujours latentes, n'attendant pour se raviver que le plus futile prétexte. Je reviendrai, d'ailleurs, d'une façon plus générale, sur les mœurs de toutes ces peuplades demi-sauvages de la côte nord de l'Afrique orientale.

Le Gubbet-Kharab est un arrière-golfe de la baie de Tadjoura, dont il est séparé par un seuil de 800 mètres, divisé en deux passes par un îlot de 160 mètres sur 125, émergeant d'environ 3 mètres, à 160 mètres de la pointe nord.

La passe nord, la plus étroite, a 35 mètres de fond, elle est seule praticable pour les navires.

Quand on s'engage dans le golfe de Tadjoura pour aller vers le Gubbet-Kharab, on voit se dérouler un paysage à l'aspect saisissant, dont l'étrangeté va croissant à mesure que l'on s'avance vers le fond du golfe. Déjà, depuis Sagalo au nord et Raz-Erolé au sud, on navigue entre des côtes noires, arides, brûlées, couvertes de laves et

autres scories volcaniques, au milieu
desquelles pourtant croissent çà et là
quelques mimosas rabougris, dont la
hauteur ne dépasse guère 2 mètres.
Puis, quand on a franchi la passe pour
pénétrer dans le Gubbet, le panorama
s'assombrit encore : on dirait alors un
de ces lieux maudits, sinistres, d'où la
vie s'est à jamais retirée. Aucune eau
n'y coule, aucune herbe n'y croît,
aucun être n'y vit; c'est la désolation
chaotique dans toute son horreur.

On arrive au milieu d'un cirque
immense entouré de gradins gigan-
tesques, aux arêtes nettes, aux plans
continus et si réguliers qu'on les croi-
rait arrachés à quelque construction
cyclopéenne.

Autour de vous tout est noir, avec
par-ci par-là, dans ces parois sombres,
des places rougeâtres; ainsi marquées,
sans doute, par quelque effroyable
foyer maintenant disparu, effondré sous

la mer. Au milieu, un peu au sud, sont
deux îlots en forme de calotte sphé-
rique, formés de grès calcinés, de vases
et de cendres stratifiées. L'un « la
Grande Ile-du-Diable » a 166 mètres
d'altitude et 750 mètres de diamètre;
l'autre « la Petite Ile-du-Diable » a
80 mètres d'altitude et 400 mètres de
diamètre.

Le Gubbet-Kharab a 18 kilomètres
de longueur et 12 dans sa plus grande
largeur. Ainsi que nous l'avons dit, on
est frappé de l'aspect étrange de son
pourtour et des particularités géolo-
giques qui le caractérisent. Là, point
de cône élevé dominant la région, vomi-
toire de toutes ces laves dont on ne
s'explique pas tout d'abord la présence.
Au lieu des ondulations puissantes,
allongées, que produisent les soulève-
ments sismiques, on reconnaît tout
autour de soi les vestiges d'un immense

effondrement : Partout des arrachements abruptes, une dégringolade par assises immenses, à pic, étagées en gradins. Quatre ou cinq cratères échappés à l'immersion générale, apparaissent encore au fond de ce cirque gigantesque ; le plus haut émergeant à peine de 100 mètres et les autres d'une soixantaine. Tandis que, tout autour, l'amphithéâtre élève ses gradins superposés à 800 mètres de hauteur au sud et à 1,700 mètres au nord.

D'autres indices viennent confirmer l'hypothèse de la disparition d'un massif volcanique, dont les abîmes souterrains envahis par la mer formeraient actuellement le Gubbet-Kharab : Dans la direction du nord-est, à plus de 50 kilomètres de ce foyer disparu, près de Djiboutil, les laves couvrent un sol absolument horizontal sur plus de 30 kilomètres d'étendue, de la plaine de Djiboutil à Raz-Eroli. Comment ces laves ont-elles pu couler, s'épandre si loin sur un sol si horizontal?.... Il faut bien admettre que ce sol aujourd'hui affaissé, formait autrefois le versant d'un énorme cône de déjection. D'ailleurs, les plissements du terrain en ondes parallèles ayant une direction sud-ouest, sont significatifs.

Sur la côte nord, vers Tadjoura, les indices sont en sens inverse, mais tout aussi probants : les laves couvrent un terrain très accidenté, mais bien plus élevé que les cratères affaissés au fond du Gubbet, dont nous parlons plus haut. Comment expliquer la présence de ces coulées de laves à de telles altitudes, sans admettre que ce sol fût jadis dominé par un ou plusieurs cratères, qui ont projeté leurs déjections sur toute la contrée qui les avoisinait ?

Le spectacle devait être terrifiant et sublime, quand cet effondrement laissant béant ce formidable gouffre, la mer s'y est précipitée impétueuse au milieu d'épouvantables chocs, des détonations et des sifflements effroyables de l'eau bouillonnante, se vaporisant brusquement au contact de ce foyer gigantesque qu'elle allait éteindre.

Il est à remarquer que le petit îlot qui divise en deux le seuil du Gubbet, est exactement le prolongement de la pointe nord de la passe. Enfin, on est frappé de la faible profondeur de cette entrée, comparée aux profondeurs considérables que l'on rencontre tout auprès, à trois kilomètres, dans la *baie sans fond* et des autres sondages de quatre cents mètres obtenus non loin de là.

Aussi, semble-t-il que cette ouverture soit l'œuvre de la mer, pénétrant par une faille produite lors de l'effondrement général, et se ruant, trombe colossale, dans cet abîme ouvert, renversant, roulant cette frêle barrière dont la hauteur ne dépassait pas quelques mètres.

Ce lieu lamentable a d'ailleurs sa légende chez les peuplades voisines : Jadis, dit cette légende, tout le Gubbet était en feu et, tout autour, les roches étaient tellement brûlantes qu'on aurait pu y allumer son chibouc (pipe arabe). Puis tout a disparu, s'est éteint sous la mer. Au fond des eaux habitent à présent des démons qui tirent par les pieds les hommes qui se baignent en cet endroit. Ceux qui ont eu l'imprudence de s'y mettre à l'eau ont été attirés ainsi au fond et n'ont plus reparu.

Telle est la légende, et actuellement encore, rien au monde ne saurait décider les indigènes à tenter l'aventure dans la partie du Gubbet qui avoisine les îles du Diable.

L'appellation *Gubbet-Kharab* se compose de deux mots appartenant à l'idiome arabe du pays : *Gubbet*, fond, cul-de-sac, besace, et *Kharab*, destruction, bouleversement, lieu maudit.

Il serait difficile de fixer même approximativement l'époque vers laquelle s'est produit l'effondrement du Gubbet ; mais elle est certainement fort reculée, car il est à remarquer que les Phéniciens envoyés par Nécos, pour exécuter par mer le périple du continent africain, n'ont pas mentionné cette activité volcanique. Or, si l'on en juge par la dizaine de cratères éteints qu'on y relève, sur un espace restreint, il est évident qu'un tel foyer eût appelé leur attention. Il était donc déjà éteint dès le VIᵉ siècle avant notre ère, car s'il eût surgi depuis cette époque, les historiens et les chroniqueurs en eussent parlé, comme ils ont mentionné les volcans en activité, dans la partie du monde connue des anciens, si minutieusement décrite par eux.

Si on considère que toute cette région du globe a été particulièrement convulsée, ainsi que l'attestent les traces ignées apparentes sur tout le pays arabique, en remontant vers le Nord, il ne serait pas téméraire de supposer que l'effondrement du Gubbet est dû au même phénomène qui produisit la catastrophe assez semblable d'ailleurs, de Sodôme et de Gomorrhe, deux mille ans avant notre ère.

I V

Sitôt rentré de cette première expédition au Gubbet-Kharab, je m'empressai de faire part au gouverneur des
résultats de mon voyage, certain
d'avance de lui être agréable, en raison de l'intérêt qu'il attache à tout ce
qui concerne la colonie, et du soin qu'il
met à tout étudier au point de vue de
la prospérité future de nos installations. D'un autre côté, je n'étais pas
fâché de profiter de ses avis et de ses

conseils, dans la position assez embar-
rassante où je me trouvais.

On était, en effet, toujours sans nou-
velles de M. Chefneux. Les prévisions
du gouverneur se réalisaient donc et la
date du retour de cet explorateur restait incertaine.

Je commençai dès lors à m'occuper
sérieusement des préparatifs d'une seconde expédition, pour aller, cette fois,
séjourner pendant quelque temps sur
les bords de *Bahr Assal*. Mais le plus
difficile était de recruter à Obock un
nombre suffisant d'Abyssins pour l'escorte armée. En effet, dans les colonies
européennes de la Mer Rouge et du
Golfe d'Aden, on a coutume, pour les
expéditions de ce genre, de rechercher
les Abyssins comme escorte, parce
qu'étant chrétiens, ils ont les mêmes
motifs que nous de se garder des mu-
sulmans ; ils sont plus civilisés et plus
disciplinés que ces derniers, et aussi

plus familiarisés avec le maniement des armes à feu, car presque tous ont plus ou moins fait partie de troupes armées, soit pour escorter des caravanes, soit comme soldats de l'empereur Ménélik ou de ses Raz. Dans ces contrées, les Abyssins jouent un peu le rôle des soldats de nos compagnies franches du moyen âge, d'une façon toutefois plus anodine et moins onéreuse. Ils forment une sorte de milice indépendante qui loue ses services aux explorateurs et aux commerçants expéditeurs de caravanes ; tout en restant, cependant, soumis à l'Empereur d'Ethiopie et à ses Raz, qui peuvent les convoquer en cas de guerre ou de simple expédition contre les sultaneaux et les chefs de tribus établis sur les confins de l'Empire.

Tandis que je poursuivais les préparatifs de mon entreprise, le gouver-

neur m'apprit que quelques sultans
des environs devaient bientôt venir à
Obock, pour tenir avec lui un *calam*
(conférence), relativement à l'exploitation de la saline naturelle du lac
Assal, ou *Barh Assal*, dont la conces-
sion avait été donnée à M. Chefneux,
l'explorateur déjà cité, encore retenu
au Choa et dont j'avais espéré le retour plus prochain.

J'avais tout intérêt à attendre les
résultats de cette conférence avec les
sultans, car il était possible que, grâce
aux bons offices du gouverneur, j'ob-
tinsse d'eux-mêmes les moyens d'assurer la sécurité de mon expédition pro-
jetée. J'ajournai donc la date que j'avais
à peu près arrêtée déjà pour mon départ.

Je profitai de ces quelques jours d'attente pour compléter, sur la colonie,

mon étude interrompue par mon voyage au Gubbet-Kharab.

A deux kilomètres d'Obock se trouve un groupe de constructions désigné sous le nom d' « Ancien – Obock ». C'est là que s'était établi l'explorateur Soleillet, agent de la maison Gaudin, du Havre, laquelle commerçait avec l'Abyssinie. Cet établissement consistait en une grande cour close de murs, au centre de laquelle s'élevait une tour à deux étages, qui porte encore aujourd'hui le nom de « Tour-Soleillet », et quelques baraquements ou hangars pour servir de magasins aux marchandises de la factorerie. Cette tour sert actuellement de guide aux navires en - trant dans la rade d'Obock. Aujourd'hui cet enclos et ses anciennes constructions ont été aménagés pour servir de pénitencier. Dans cette prison sont détenus un certain nombre de forçats, provenant de l'Algérie et de nos autres colonies africaines.

Tout contre ce premier établissement s'en trouve un autre également clos de murs, dans l'intérieur duquel s'élèvent les constructions appartenant à la maison Poingdextre et Mesnier, concessionnaire à Obock du monopole pour la fourniture de charbon à notre marine, monopole qui expire en 1895.

Cette convention fut passée avec la maison Poingdextre et Mesnier en 1884, à la suite d'une de ces vilenies qui leur sont familières, que les Anglais nous firent pendant notre expédition du Tonkin : ils refusèrent du charbon à nos navires de guerre. Ce vilain procédé eut d'ailleurs un excellent résultat pour nous, car il nous amena à nous occuper de cette colonie qui nous appartenait depuis 1862, et où nous n'avions encore fait aucune installation. Ce n'est, en effet, qu'en 1884 qu'y fut installé

M. Lagarde, son premier gouverneur.

Au centre de cet établissement s'élève une belle maison d'habitation, fort bien disposée, la mieux comprise et la mieux construite de toute la colonie. En pénétrant dans la cour on arrive juste en face d'une construction en planches qui servit, pendant les années 1884 et 1885, de première habitation au gouverneur ; sa nouvelle résidence sur le plateau du Nouvel Obock, n'ayant été inaugurée qu'en 1886.

La maison Poingdextre et Mesnier est dirigée par M. Villard, un de ces aimables compatriotes qu'on est fort heureux de rencontrer, surtout dans les lointains pays.

J'ai eu l'honneur d'être reçu chez lui avec une cordialité parfaite, et d'y passer en sa compagnie, celle de sa charmante femme et de sa ravissante fillette, deux ou trois soirées fort agréables qui ne sauraient s'oublier.

C'est entre le nouvel et l'ancien Obock que coule la rivière, mentionnée sur certaines cartes, quand elle daigne couler, ce qui ne lui arrive que trois ou quatre fois par an, aux périodes de pluies et seulement pendant quelques heures chaque fois. On a baptisé cette parcimonieuse rivière du nom de « Moya » qui signifie « eau » en arabe; serait-ce par ironie?

Cependant, en creusant à une faible profondeur dans le lit de ce torrent, élevé au rang de rivière, on trouve presque partout une eau légèrement saumâtre, qui sert à l'approvisionnement des habitants, à l'abreuvage des animaux et à l'arrosage de quelques jardins créés sur les bords mêmes de ce prétendu cours d'eau.

En outre de cette eau, suffisante à

4

la rigueur pour tous les besoins de la
ville, le Gouvernement en fournit aux
Européens une autre d'excellente qua-
lité, provenant de la distillation de
l'eau de mer; et leur livre, en outre,
de la glace produite à la distillerie
même; consommation fort appréciée,
qui vraiment ne saurait être taxée de
luxueuse sous cette température sur-
chauffée.

C'est aussi sur les bords de cette
pseudo-rivière que se trouve le jardin
du Gouvernement; très digne d'appeler
l'attention par les résultats obtenus,
sur ce sol formé d'une mauvaise terre
argileuse rougeâtre. Il produit quelques
légumes, très recherchés et fort appré-
ciés, dans ce pays aride, dépourvu de
toute espèce de ressources naturelles;
mais il est surtout remarquable par ses
belles allées de jujubiers, de grenadiers
et d'acacias.

L'arrosage y est fait au moyen de

norias mues par des mulets, et fonctionnant dans des puits de faible profondeur, alimentés par la nappe d'eau souterraine de cette fausse rivière.

Le gouvernement possède également à Djiboutil, un jardin dans des conditions à peu près analogues, arrosé lui aussi par une eau puisée à la nappe souterraine, mais un peu moins saumâtre que celle d'Obock.

En dehors des quelques produits horticoles obtenus ainsi à force de soins, le pays ne donne ni fruits, ni légumes, ni céréales d'aucune sorte. La végétation est représentée par des mimosas et des gommiers de faible hauteur, constituant ensemble une sorte de brousse; on trouve aussi de petits cactus, des plantes grasses, des euphorbes et quelques graminées qui servent à la nourriture des animaux, peu nombreux, d'ailleurs, consistant en chameaux, chèvres, moutons et quelques rares mulets. On rencontre encore au bord de la mer, mais assez rarement et seulement aux points où sourdissent quelques filtrations d'eau douce, des bouquets de palétuviers de faible taille.

Cependant, la pénurie de ces deux règnes n'affecte que le littoral : l'aspect du pays change du tout au tout sitôt qu'on pénètre d'une soixante de kilomètres dans l'intérieur, en convergeant vers les hauts plateaux abyssins. A cette limite commence à se montrer une végétation plus vigoureuse, qui va s'accentuant à mesure que l'on s'élève, et bientôt apparaissent des forêts superbes peuplées de fauves redoutables et de nombreux animaux de moindre encolure.

Cette aridité commune à tout ce littoral comporte pourtant quelques exceptions sur la côte même, notamment sur la partie nord du golfe, à Tadjoura,

Sagalo, Ambabou, situés au pied du versant le plus abrupte du mont Goda. Des puits et des torrents descendant des flancs de cette montagne, y donnent une eau excellente qui ne tarit jamais. Aussi la végétation y est-elle déjà bien plus abondante, plus haute et plus forte, et va en se développant vigoureusement à mesure que l'on atteint des zones de plus en plus élevées. Sur les plateaux et les hautes vallées de ce massif montagneux, croissent des produits de toutes sortes et s'étendent de vastes et grasses prairies où paissent de nombreux troupeaux, si l'on en croit les dires des indigènes. Le mont Goda a 1700 mètres d'altitude.

Les donakils considèrent ces hautes vallées du Goda comme une sorte de paradis terrestre : c'est, suivant eux, un lieu enchanteur unique au monde, plein d'ombrages, de sources vives, où les fruits de la terre abondent au milieu d'un continuel printemps. Ils s'en montrent jaloux, ne permettent pas aux étrangers d'y pénétrer, mais en écartent principalement les Européens avec un soin tout particulier ; parce que, disent-ils, quand ils l'auraient une fois vu, ils ne manqueraient pas de s'emparer de ce merveilleux pays.

Ces contrastes d'aridité et de fertilité proviennent de ce que, sous ces zones torrides, la végétation devient luxuriante et touffue sitôt que le moindre ruisselet vient fertiliser la terre, et que le sol reste, au contraire, stérile et désolé dès que vient à lui manquer cette eau vivifiante.

Le gouvernement d'Obock comprend, à titre de protectorat, le sultanat de Tadjoura, situé sur la côte nord du golfe de même nom. Le territoire de notre colonie, protectorat compris, est limité au nord par les États de Mohamed Emphalé, sultan des Assaïmaras, protégé italien. Ses territoires bordent le sultanat de Tadjoura et celui de Mohamed Loïta, dont nous allons parler, et s'étendent jusqu'au pays des Somalis ; se trouvant ainsi à cheval sur la route d'Abyssinie ; c'est-à-dire, entre nous et les États de l'empereur Ménélik. A l'ouest, nous sommes bornés par Mohamed Loïta, sultan des Debeneh, dont les territoires enclavent Bahr-Assal. Et, au sud, par Agad, sultan des Issas.

Les États de ce dernier font seuls partie du pays des Somalis ; ceux des autres sultans appartiennent à celui des Donakils.

Enfin, au nord, en face de l'île Périm, à quatre-vingts kilomètres d'Obock, viennent aboutir les territoires du sultan de Reïta et d'Assab, protégé italien comme son voisin Mohamed Emphalé.

A quarante kilomètres au sud de
Djiboutil, se trouve Zeila, colonie anglaise.

Comme on le voit, notre colonie est
assez désagréablement avoisinée et le
poste de gouverneur ne saurait, dans de
telles conditions, y être considéré comme
une sinécure : pour lutter avec avan-
tage contre la politique anglo-italienne,
si hargneuse contre nous, si pleine de
perfidies et si opiniâtrément appuyée
par les chancelleries coalisées, il ne
fallait rien moins que l'habileté diplomatique des deux hommes à qui la
France doit l'éclatant succès politique
que l'on sait, MM. Lagarde et Chefneux.

Oui, certes, nous le répétons, ce
serait une grossière erreur de penser
que le gouvernement d'Obock soit une
sinécure négligeable. La lutte d'influence entre la France d'un côté,
l'Angleterre et l'Italie de l'autre, a pris
un singulier caractère d'âpreté dans le

pays abyssin et dans tous ces petits sultanats. Elle se meut au milieu des cupidités mesquines, malpropres de ces peuplades demi-barbares, qu'un rien fanatise, que quelques meneurs soudoyés peuvent entraîner aux plus noires perfidies. Éléments dépourvus de conscience et de scrupules, n'ayant aucun respect de la parole jurée. Il est indispensable d'avoir là-bas de fins diplomates comme ceux que nous y avons vu à l'œuvre, car les intrigues politiques y sont persistantes, visant des intérêts considérables, que les métropoles de nos rivaux surveillent avec un soin jaloux, appuyant énergiquement leurs agents ; tandis que nous laissons le plus souvent les nôtres se tirer d'affaire comme ils peuvent, les félicitant s'ils réussissent, les blâmant et les désavouant s'ils échouent.

Si du moins on leur tolérait une certaine indépendance, mais non :

tout le monde connaît cette recommandation prud'hommesque, dont partout
on se gausse, que nos gouvernants ne
manquent jamais de faire à nos agents
de l'extérieur : « Surtout ne nous créez
pas d'affaires. » Ce qui revient à dire :
Si on vous allonge un coup de pied
quelque part, ne vous en formalisez
pas trop, vous chambarderiez nos pai-
sibles coutumes, *Deus nobis hæc otia
fecit*, ne les troublez point.

La garnison d'Obock se compose de
neuf Soudanais.... Mais il est juste de
dire qu'une canonnière, l'*Étoile*, dont
j'ai déjà parlé, appartenant à la divi-
sion de Madagascar, reste en perma-
nence dans les eaux de la colonie. Ce
navire, placé sous les ordres du commandant Cotigny, porte six canons de
10 centimètres, modèle 1885, deux
canons Hotchkiss, un canon de débarquement, cinq officiers et soixante-quinze

hommes d'équipage ; force suffisamment imposante.

Il est depuis longtemps question de transférer le siège du gouvernement à Djiboutil, mieux situé qu'Obock, tant au point de vue commercial que maritime, comme je l'ai dit dans un chapitre précédent. C'est, en effet, là que tendraient à aboutir les caravanes venant de l'intérieur, et elles y viendraient volontiers s'il y existait assez de maisons de commerce pour créer un marché sérieux. Mais il est bien évident que des caravanes de centaines de chameaux, chargés de marchandises diverses, redoutent de venir se mettre à la merci d'une ou deux factoreries, qui peuvent ne pas avoir le placement de cet arrivage, ne pas pouvoir en faire seules le paiement, ou même abuser du manque de concurrence pour avilir les prix et les amener ainsi à consentir des marchés désastreux pour elles.

Ces caravanes pourraient encore venir à Djiboutil dans le but d'y embarquer leurs marchandises pour les expédier par mer au loin, si cette dépendance de notre colonie n'était pas, comme elle l'est, à peu près dépourvue de communications avec le reste de l'univers. En effet, il faut en venir par boutres jusqu'à Obock pour correspondre deux fois par mois avec la ligne de la côte orientale d'Afrique ; c'est-à-dire avec un courrier venant de France le 22 de chaque mois et un autre y allant le 12, et c'est tout.

Oui, certes, voilà comment sont desservies nos colonies, un courrier par mois : un courrier presque direct pour les points favorisés et en *attrape-si-tu-peux* pour les autres ; car les heures et même les jours de passage des paquebots variant quelquefois d'une façon notable, il arrive de les man-

quer, pour peu que les vents soient
contraires à la marche des boutres.
Tandis que la colonie anglaise voisine
est desservie par un courrier hebdo-
madaire.

Dans de telles conditions, les caravanes vont naturellement de préférence
à Zeila, d'où elles peuvent expédier
leurs marchandises, si elles ne les y
vendent ; ce qu'elles ne sauraient faire
à Djiboutil, sorte d'impasse d'où il faut
retourner sur ses pas en ramenant les
chargements. D'un autre côté, les
grandes maisons de commerce européennes créent plus volontiers des
comptoirs à Zeila, pour les mêmes
motifs ; c'est-à-dire parce qu'elles
savent y trouver des moyens de transport et de communications fréquents
avec l'Europe et tous les points des
Océans indiens.

C'est ainsi que s'est créé dans cette
colonie anglaise un courant commercial

important, qu'il nous eût été facile de
diriger vers la nôtre, si elle eût possédé
une installation moins rudimentaire et
des moyens de communicatiou mieux
organisés.

Il est plaisant d'entendre dire par
des gens qui ne sont jamais sortis de
France que nos compatriotes ne savent
pas coloniser. Que diable veut-on qu'ils
fassent quand ils en sont réduits à
monter sur une barque pour aller
attraper en mer le courrier de leur
pays !... J'ai constaté partout, au contraire, que les Français sont éner-
giques, intelligents, persévérants et
forment des colonies estimées et respec-
tées de tous. Mais l'appui de la mère-
patrie et de ses représentants leur fait
trop souvent défaut.

V

Réunion de sultans à Obock. — Les intrigues anglo-
italiennes. — Le drapeau italien hissé sur notre
protectorat. — Le gouverneur le fait enlever. —
Arrivée des sultans à Obock. — Mohamed Emphalé et Loïta ne viennent pas. — Une lettre de
M. Chefneux. — Mœurs et coutumes des peuplades de cette région. — Les mutilations. — Pratique de l'infibulation. — Caractérisation des
races, leur mélange. — L'Ethiopie.

Il a été dit, au commencement du
précédent chapitre, que les sultans voisins devaient venir à Obock tenir avec
le gouverneur une assemblée (*calam*)
où seraient discutés des intérêts com-
muns. Quelques explications sont nécessaires, pour permettre au lecteur de
suivre les comédies mesquines et les
manœuvres louches de tout ce monde-là.

Les intérêts plus ou moins authen-

tiques de ces grands chasseurs de
bacchich, s'appliquaient ici à un cas
spécial : ils étaient mis en éveil par
le bruit répandu qu'on songeait à
mettre en œuvre l'exploitation de la
saline d'Assal, concédée à l'explorateur
Chefneux.

Il est certain que toutes les peuplades
de la région, à 100 kilomètres à la
ronde, prennent du sel en cet endroit,
quand elles ont occasion d'y passer
avec des caravanes ; mais il n'y a jamais
existé d'exploitation un peu régulière
ni même, semble-t-il, une organisation
spéciale de caravanes, en vue d'en
effectuer des chargements exclusifs.

Le sel est un produit tellement prisé
des indigènes, qu'ils emploient le même
mot pour désigner le sel et le miel, et
cette coutume est usitée jusqu'en Egypte
même. Dans certains pays de l'intérieur, il est employé, sous diverses
formes, comme monnaie courante pour

les transactions commerciales et pour les
achats journaliers.

Quoi qu'il en soit, tous ces petits
chefs qui ne s'étaient jamais occupés
de cette saline, autrement que pour y
faire prendre le sel nécessaire à leur
cuisine aussi brève que rudimentaire,
se déclaraient alors tous propriétaires
de Barh-Assal. Tels étaient les intérêts
qu'ils se proposaient de soutenir dans
ce prochain *calam*. Au fond, la con-
cession Chefneux leur était absolument indifférente, ils savaient fort bien
que les millions de tonnes de sel que
renferme la saline sont inépuisables,
que cette masse de sel va même croissant de jour en jour ; mais il y avait
prétexte à *bacchich* ; tout le secret
de la gravité apparente qu'ils n'allaient
pas manquer de donner à leurs discus-
sions, était renfermé dans ce mot ma-
gique : *bacchich*.

Ces Bazile ne demandent jamais qu'à

être définitivement éclairés par un argument de poids, et les simagrées usitées ne sont même pas mises en scène pour la galerie, qui sait de reste à quoi s'en tenir, mais simplement pour faire hausser le plus possible le poids des arguments.

Le moment est venu de donner à propos de ces sultans qui vont arriver à Obock, quelques renseignements sur leur importance respective, leur rôle et leur situation vis-à-vis de nous et de nos adversaires.

Si nos politiciens ignorent l'importance militaire et commerciale du golfe de Tadjoura, nos rivaux l'ont comprise de reste. J'ai déjà fait connaître l'activité diplomatique déployée par deux grandes puissances européennes dans ce coin de l'Afrique, pour s'assurer, au détriment de la France, la plus grande somme d'influence sur l'empereur d'Abyssinie et les sultans de la côte. Tandis que, par une inconcevable incurie, nous négligeons cette station et son rayon possible d'influence, les Italiens à Massaoua, les Anglais à Aden et à Zeila, ne cessent de la surveiller, en font l'objet de leurs intrigues et se mettent en travers de toutes nos visées. Pour se faire des alliés et même détacher de nous ceux des chefs qui étaient devenus nos clients, ils prodiguent les présents, l'argent et les promesses.

Les Italiens surtout se distinguent par leurs prodigalités et, certes, devant tant de largesses on ne soupçonnerait point que les caisses du Trésor italien sonnassent d'un creux si lamentable.

C'est ainsi que Loïta, sultan des Debenehs, après avoir été longtemps notre ami, est aujourd'hui à la dévotion

de l'Italie, moyennant quelques cadeaux
et une rente mensuelle de 800 francs,
payés en monnaie de pacotille. Il ne
faudrait cependant pas croire qu'il ait
cessé d'entretenir avec nous des relations dites amicales, au contraire, il se
dit notre serviteur dévoué et touche des
bacchichs des deux côtés, la main droite
voulant ignorer ce qui se passe dans la
gauche.

Mais, le plus dangereux auxiliaire
de nos rivaux, le plus opulemment
soudoyé, est le sultan des Assaïmaras,
Mohamed Emphalé, ce protégé italien,
dont les territoires occupent une situation si favorable aux menées de nos
ennemis, placés qu'ils sont à cheval sur
la route qui va du golfe à l'Abyssinie,
comme nous l'avons déjà expliqué.

Ce sultan, enthousiasmé des libé-
ralités de nos adversaires, poussa le
zèle, il y a quelque temps, jusqu'à
hisser le drapeau italien sur le massif

du Goda et sur Bahr-Assal, déjà placés
sous notre protectorat, puisque le Goda
est enclavé dans le sultanat de Tadjoura, lequel a aussi des droits usagers
indivis sur la saline d'Assal. Le gouverneur d'Obock fit aussitôt enlever ce
drapeau, et nulle protestation ne se produisit du côté de l'Italie, tellement nos
droits sont indiscutables. Mais, le fait
en lui-même est significatif et démontre
bien l'âpreté de la lutte.

Ce que vise surtout la politique italo-
anglaise de ce côté, c'est de nous empê-
cher d'exploiter la saline du lac Assal,
ce merveilleux réservoir inépuisable d'un
sel incomparable. En effet, la création
d'une grande exploitation de ce sel aurait pour conséquence le développement
naturel d'un centre important, avec
outillage de port, dépôts de charbon et
d'eau, approvisionnement de toute nature et, par suite, établissement de
maisons de commerce et d'un marché

où afflueraient les produits de l'intérieur et de la côte elle-même.

Étant donné, de plus, la tendance
marquée qu'ont toutes ces populations
à entrer de préférence en relation avec
les Français, on comprendra que les
Anglais se soient alarmés du coup redoutable que la réalisations de tels projets porterait à Aden et à Zeila, qui
n'est que le prolongement du premier.
Que, de leur côté, les Italiens y aient
vu une concurrence désastreuse pour
leurs visées d'implantation et de suprématie sur les bords de cette mer
Erythrée, dont le nom vient d'être
exhumé par eux du fond de l'an-
tiquité avec tant de fracas et de
pompe.

Mais nous verrons plus loin, quand
nous exposerons l'état de dépendance
de la France vis-à-vis de l'Angleterre
dans cette partie du monde, que la politique anglaise a des motifs plus puis-

sants encore de nous combattre sans trève ni merci.

Enfin, un intérêt plus immédiat, et surtout plus palpable, vient encore accroître la note acrimonieuse dominante et rendre plus étroit cet accord des Anglais et des Italiens dans les intrigues qu'ils ourdissent, pour faire échec aux aspirations pourtant bien légitimes de la France. Les salines artificielles d'Aden, qui expédient aux Indes et sur le littoral africain un tonnage considérable de sel, appartiennant à une Société italo-anglaise. Or, la mise en exploitation de la saline naturelle d'Assal serait un désastre pour cette Société, dont le sel, infiniment moins parfait, coûte beaucoup plus cher à obtenir.

Ce fut le 13 mars qu'arrivèrent à Obock les sultans de Tadjoura, de Rheïta, le fils de Loïta et le bey de Djiboutil, Bouran-bey, pour assister au

fameux *calam*. Mohamed Emphalé
n'avait pas voulu se déranger, à moins
qu'on ne lui envoyât tout d'abord un
copieux *bacchich*. Ce sultan est considéré comme le plus puissant de tous,
par le nombre de guerriers dont il dis-
pose. Il est probable que si on lui eût
envoyé le pot-de-vin qu'il exigeait, il
ne serait pas venu davantage, et que
sa demande ne déguisait qu'une tentative ironique de chantage.

Quant à Loïta, il avait jugé à propos de n'envoyer que son fils cadet,
étant aussi lui-même, comme je l'ai
expliqué, en fort mauvaise posture en-
vers nous, puisqu'il était subventionné
par les Italiens.

Enfin, la conférence eut lieu, mais
j'en ignore les résultats; elle dura
même plusieurs jours, pendant lesquels
nous pûmes contempler à loisir dans

les rues d'Obock ces sultans, leurs vizirs et leurs suites dépenaillées.

Le sultan de Tadjoura, Hamed–ben–Mohamed, notre protégé, promit au gouverneur de me faire accompagner à Bahr–Assal, par trois notables, ses parents, moyennant une indemnité de trois cents francs. C'était une sorte de garantie morale plutôt qu'une protection effective ; mais, je m'en contentai, la considérant comme suffisante avec les quelques hommes que j'avais pu réunir.

Mes préparatifs étant terminés, je fixai mon départ au lendemain, 18 mars, à 3 heures du soir. J'avais frété deux boutres, pour le transport du personnel, du campement et de nos vivres ; tout était prêt.

La veille, le gouverneur me fit l'honneur de me retenir à dîner, et nous allâmes ensuite faire une promenade d'une heure, au retour de laquelle nous trouvâmes des lettres de M. Chefneux, dont une pour moi, m'annonçant son départ du Harar et son arrivée à Djiboutil, pour le 23 ou le 24 courant.

En présence de cette heureuse nouvelle et de la situation, plus propice à mes projets, créée par le retour de cet explorateur, je suspendis encore une fois mon départ; jugeant plus sage de l'attendre pour me servir de l'escorte qu'il ramenait, beaucoup plus sérieuse que celle dont je disposais; ce qui ne modifiait, d'ailleurs, en rien l'arrangement pris avec le sultan Hamed, relativement aux trois notables qui devaient m'accompagner ; ce n'était que partie remise.

N'ayant pas encore parlé des coutumes et des mœurs de ces peuplades, je mis à profit cette nouvelle attente, pour consigner ici et faire connaître ce

que j'en avais observé moi-même, ou
pu recueillir près des Français établis
depuis longtemps dans le pays, appelés
par leur commerce à faire de nombreux
voyages dans l'intérieur. Ceux auprès
desquels je me suis renseigné, avaient
payé de leur personne, pris part à des
combats, pour défendre leurs caravanes
attaquées, et avaient tous fait de longs
séjours dans divers centres importants
de ces régions.

Toutes ces peuplades établies le long
de la côte orientale d'Afrique, ont sensiblement même religion, mêmes
mœurs, mêmes coutumes. Si on en
juge par leurs vêtements sommaires,
leurs armes, le degré de leur igno-
rance, l'absence de tout progrès matériel, elles sont aujourd'hui ce qu'elles
étaient probablement avant notre ère.
Leurs lances, leurs boucliers, leurs
larges poignards, leurs javelots, font

songer à l'armement des héros d'Homère.

Les indigènes fabriquent eux-mêmes ces armes, dans des forges primitives construites en terre glaise, ayant pour enclume un bloc de fonte quelconque ou simplement un gros pavé. Le fer qui leur sert à cette fabrication, provient de vieilles lames de sabres européens ou égyptiens, de vieux fers rebutés et même de cercles de barriques.

Ils sont sanguinaires, tuent sans motif, pour le seul plaisir de tuer, et considèrent comme un acte héroïque le meurtre d'un étranger, à quelque religion, pays ou tribu qu'il appartienne. Ils attaquent rarement en face, mais s'embusquent pour attendre leur victime au passage, fondent sur elle de façon à la frapper par derrière avec leur lance ou leur poignard. D'autres fois, ils l'abordent affectant de lui parler amicalement ; puis, tout à coup, au moment où elle ne se méfie plus, ils lui plongent leur lance ou leur poignard dans le dos.

C'est ainsi que fut tué, au vieil Obock, M. Arnoux, un compagnon de Soleillet ; pendant qu'il fumait, les mains dans ses poches, regardant des maçons qui travaillaient pour lui, un doncali placé derrière le traversa de sa lance. Sa tombe s'élève, à gauche, tout contre la porte d'entrée de la cour de M. Villard ; à peu près à l'endroit où il fut tué.

Sitôt un assassinat commis, le meurtrier s'empresse de prélever la preuve de son acte *héroïque ;* cette preuve consiste dans l'ablation totale des parties sexuelles, si la victime est un homme, et des seins si c'est une femme. Dès lors le bandit a acquis le droit de porter le signe distinctif des braves de ces pays : un bracelet de fer ou de cuivre au bras. Plus tard, quand il aura de la même manière fourni la preuve qu'il a perpétré un certain nombre d'assassinats, tout aussi héroïques, il pourra, comme insignes de sa vaillance, se faire dans le lobe des oreilles de grands trous, dans lesquels il introduira des rondelles de bois. C'est alors un guerrier éminent, un héros national, et il devient un personnage influent, écouté dans les conseils de la tribu ou du sultanat.

Il y en avait quelques-uns d'ainsi ornés parmi les gens de la suite des sultans, venus au *calam* d'Obock ; mais un seul avait les rondelles de bois. On m'expliqua qu'il avait tué huit somalis, de la manière chevaleresque que j'ai décrite plus haut, bien entendu. Ce triste individu était rayonnant d'orgueil ; ses compatriotes le contemplaient comme un phénomène de bravoure, et baisaient le sale haillon qui lui servait de vêtement.

Le meurtre d'un blanc ou la mise à mort d'un éléphant équivalent chacun à cinq *tuaisons* d'indigènes, et donnent droit à la distinction du percement des oreilles et des rondelles de bois. C'est comme dans la musique, pour les blanches, les noirs et les croches : un blanc vaut un éléphant ou cinq noirs.

Chez ces peuples, le combat loyalement affronté n'existe pas, même entre eux ; ils ne s'attaquent guère que par surprises nocturnes ; les rencontres du jour y sont chose rare. Voici comment ils procèdent pour attaquer des blancs ou une caravane appartenant à d'autres indigènes : ils se préparent plusieurs jours à l'avance, suivent de loin la caravane visée, en se dissimulant, et

attendent une nuit sans lune. Le moment opportun venu, généralement
deux ou trois heures du matin, quand
le sommeil est plus lourd, ils se mettent
entièrement nus, ne conservant que leur
lance et leur poignard. Alors, ils s'a-
vancent en rampant jusqu'à une qua-
rantaine de mètres du campement à
surprendre. Puis, à un signal donné
par le chef, toute cette horde se rue en
hurlant sur le camp, le traverse comme
une trombe, en frappant de la lance et
du poignard à droite et à gauche tout
ce qui est vêtu, couché ou déjà debout,
fuit toujours sans s'arrêter, hurlant,
courant et disparaît, laissant toujours
derrière elle bon nombre de morts et
de blessés.

Avec une telle tactique la défense est
très difficile, car l'assailli n'a pas le
temps de s'armer, se reconnaître et,
l'obscurité aidant, court risque de tirer
sur les siens. Les sentinelles ne servent

de rien, puisque l'ennemi arrive sur
elles en rampant, et qu'au moment où
il les aborde il pousse lui-même des
cris féroces, ne craignant plus d'être
découvert, mais cherchant au contraire
à semer le désordre et l'effroi.

Ces procédés sont tellement connus,
tellement en usage chez toutes ces tribus demi-sauvages, que chaque inté-
ressé entretient des espions ; en sorte
que ceux qui doivent en être l'objet,
sont toujours avisés de l'attaque
qu'on médite contre eux. Mais, l'heure
et même le jour où elle doit se produire
restent incertains, car ils sont subor-
donnés à l'achèvement des préparatifs
d'attaque, à la réunion complète des
assaillants au point convenu et à la
coïncidence d'une nuit propice.

Après un combat ou une attaque
nocturne quelconque, le parti qui reste
maître de la position mutile les mort

et les blessés, à la manière que j'ai
dite plus haut, et revient au besoin sur
le lieu du combat, pour accomplir cette
ignoble besogne, s'il a été obligé lui-
même de s'en éloigner momentanément
pour poursuivre le vaincu ou piller.
Mais, la mutilation a toujours lieu ;
c'est la récolte des trophées, la preuve
de la victoire.

On rencontre dans tous ces pays
nombre d'hommes qui, blessés dans des
combats de ce genre, ont subi cette
odieuse opération et lui ont survécu.

En dehors de l'Abyssinie, qui est
toute différente et bien plus civilisée,
il n'existe chez ces tristes populations
aucune industrie, aucun commerce, elles
vivent de rapine et de *bacchich* ; ne
s'adonnent à aucun travail, se nourris-
sent de laitage, de riz et de quelques
rares produits du sol que les femmes
ou les esclaves cultivent ; car les

hommes dédaignent de travailler, ce serait déchoir ; ils s'intitulent *guerriers* ; commode euphémisme qui, nous l'avons vu, déguise un métier de pillard et d'assassin.

En outre des attaques combinées, véritables expéditions dont nous venons de parler, ces *guerriers* rançonnent aussi les voyageurs. Quand la mauvaise étoile d'une caravane peu armée la conduit sur leur territoire, ils la mettent à contribution en se faisant payer un gros droit de péage, ou même la pillent purement et simplement. Ils la pillent pour se procurer de l'argent et de menus objets et surtout pour le plaisir de masssacrer, car ils abandonnent, sur le terrain les marchandises de valeur, telles que : armes, outils, étoffes, meubles, munitions, etc., dont ils ne savent que faire.

Ces peuplades sont lâches, cruelles, paresseuses, voleuses, mendiantes, grotesques de vantardise et d'une saleté repoussante.

Elles pratiquent sur les femmes une sorte d'infibulation : A l'âge de cinq ans la fillette subit cette opération, qui consiste à lui aviver les grandes lèvres et à lui coudre ensemble pour qu'elles se soudent : Au jour du mariage on la décout simplement et le mari fait brutalement le reste. Si, plus tard, le mari doit faire une absence de longue durée, on recout la femme pour la découdre à son retour ; si elle devient grosse on la recout encore et ainsi de suite. La vie d'une femme se passe à être cousue et décousue.

Il parait cependant que malgré ces répugnantes précautions et toutes ces coutures, les fronts masculins sont là plus ramés qu'ailleurs et que la fraude s'y pratique assez couramment.

Ces races ont la peau noire ; et la variété des types prouve qu'elles ont subi de nombreux mélanges. Un grand nombre d'individus sont assez beaux ; mais il y en a aussi beaucoup d'un caractère tout à fait bestial. En général les deux sexes sont bien faits, bien découplés. Les hommes sont très résistants à la fatigue, mais peu vigoureux.

Beaucoup d'indigènes ont le crâne absolument dénudé et lisse. Ils se font tomber les cheveux avec une drogue de leur composition. D'autres se les teignent en jaune clair sale, par des applications de chaux. On éprouve une singulière impression à la vue de ces têtes noires, desquelles retombe une toison de véritable laine jaune pâle tire-bouchonnée, assez semblable à celle d'un mérinos crotté. Leur face moutonnière aidant, on s'imagine qu'ils vont bêler.

Le plus grand nombre, cependant, ne font subir aucune préparation à leurs cheveux crépus et habités.

Les types arabes et abyssins sont les plus beaux et se sont conservés les plus purs. Les individus appartenant à ces deux races, s'abstiennent de ces grotesques coquetteries capillaires. Leur vie, en général, a plus de dignité ; ils ne sont pas meurtriers et ne prennent point part aux actes de brigandage que nous avons signalés. Ces actes sont pratiqués par les Donakils, les Somalis, les Debenehs, et principalement par les Assaïmaras, de beaucoup les plus redoutables.

Les Arabes sont en petit nombre et dispersés au milieu de ces aborigènes, dont ils subissent la suprématie. Les Abyssins sont encore moins nombreux que les Arabes vers la côte, ils vont et viennent sans trop s'y établir.

Une sécurité plus grande règne sur

les territoires directement soumis à l'autorité de l'empereur d'Abyssinie et de ses Raz ; le brigandage y est réprimé impitoyablement et d'une façon sommaire.

Quoique ce qui a directement trait à l'Abyssinie, soit un peu en dehors du cadre que comporte cette modeste étude, il semble cependant opportun de dire quelques mots de cet empire, à cause des relations commerciales et politiques que son voisinage impose tout naturellement à notre colonie.

On donnait anciennement le nom d'Éthiopie à tout le pays qui s'étendait au delà de la Thébaïde, et on divisait vaguement cette région en deux grandes zones : la première s'étendait du 24me au 10me parallèle, elle était dénommée Nubie ou Éthiopie égyptienne ; la seconde, aux contours plus incertains, plus mal connus encore, surtout vers le Sud, était désignée sous le nom d'Éthiopie intérieure. Selon Eratosthène, Strabon et Pline, elle était bornée vers l'Équateur par une mer, qui aurait alors occupé l'espace où sont actuellement la colonie africaine allemande, les lacs Victoria-Nyanza, Tanganvika, Moëro, Bamba et Nyanza.

On appelle aujourd'hui Empire abyssin ou éthiopien, un ensemble de pays aux limites mal définies, réunis en une sorte de confédération gouvernée par un empereur qui prend le titre de « Negus Nagast Za Aitiopya », Roi des rois d'Éthiopie, par allusion à ce que les pays confédérés portent tous le nom de royaume.

Le Negus actuel, Menelik II, prétend descendre de Menelik, fils de Salomon et de la belle Makada, reine de

Saba, ou plus exactement reine d'Assib
(Sud-Est). Tous ses décrets et ses
lettres officielles débutent par la for-
mule : « Lion vainqueur de la tribu
de Juda, Menelik II, élu du Seigneur,
Roi des rois d'Éthiopie... »

Menelik était déjà roi de Choa quand
il fut proclamé Empereur, pour succé-
der au Negus Johanes, ou Jean, tué
dans un combat contre les Mahadistes.

L'état politique de l'Empire abyssin
est fondé sur une hiérarchie féodale,
assez semblable à celle de l'Europe du
moyen âge.

Tout le massif abyssin est en général, dit-on, d'une grande fertilité.
Mais la province qui doit tout d'abord
appeler notre attention est celle du
Harar, dont la capitale porte également
le nom de Harar. En raison même de
sa proximité de notre colonie, et des

quelques relations commerciales déjà
créées, c'est de son côté que doivent
porter nos visées, et tous les premiers
efforts de notre expansion commerciale
et politique.

La population de cette province est
d'environ 30,000 habitants, son territoire, d'une remarquable fertilité, renferme de nombreux troupeaux de bœufs,
de moutons, de chèvres ; on y fait aussi
l'élevage du cheval. Son principal commerce consiste en ivoire, gomme,
civette, peaux de toutes sortes, grains,
café, etc. C'est ce dernier qui, expédié
en grande quantité à Aden, nous est
réexpédié en Europe sous le pseudo-
nyme de Moka.

Le Harar renferme d'immenses forêts
aux essences précieuses et variées ;
peuplées d'éléphants, de lions, de
léopards, de panthères, etc. ; on trouve
aussi l'hippopotame dans ses rivières
et dans ses fleuves. Ce pays, comme

on le voit, offre au commerce d'incalculables ressources. Nous avons donc tout intérêt à entretenir des relations amicales avec l'Abyssinie, et à créer entre elle et nous de sérieuses voies de communication, en prenant Harar comme première étape de notre pénétration amicale dans l'intérieur de l'Empire éthiopien.

L'Abyssin se distingue des autres races africaines par ses traits européens, son intelligence, sa morale et ses aptitudes pour la civilisation et le progrès industriel.

L'Abyssinie, catéchisée par les patriarches d'Alexandrie, embrassa le christianisme copte dès le IV⁰ siècle. Le patriarche « Abouma », Abyssin, reçoit encore son investiture de celui d'Alexandrie, dont il est suffragant.

VI

Arrivée de l'explorateur Chefneux. — Départ pour Bahr-Assal. — Exploration. — Description de Bahr-Assal — Guet-apens organisé contre nous, par les Italiens de Massaoua. — Retour à Obock. — Mauvais temps, nous restons quatre jours en mer.

Le 26 mars, à 2 heures de l'après-midi, M. Chefneux arrivait enfin à Obock.

Pressé comme je l'étais par l'approche des grandes chaleurs, je me hâtai de prendre avec lui les arrangements nécessaires pour assurer le succès de ma deuxième expédition. Ma surprise fut des plus agréables, lorsque M. Chefneux me déclara que, malgré les fatigues de son long voyage et puisque mon excursion ne devait durer que quelques jours, il se faisait un plaisir de m'accompagner à Bahr-Assal; il désirait seulement donner deux jours de repos à ses hommes, à lui-même et à ses mulets.

Le 28, à 10 heures du soir, nous prenions la mer avec deux boutres, pour aller à Djiboutil prendre l'escorte d'Abyssins, les mulets, et de là nous diriger de nouveau vers le Gubbet-Kahrab.

Nous arrivâmes à Djiboutil le 29, à 6 heures du matin. M. Pinot nous offrit à déjeuner et M. Samuel à diner. Le soir même, à 11 heures, nous reprenions la mer, amenant quarante hommes et sept mulets.

Nous avions avec nous M. Lemaréchal, adjudant d'infanterie de marine, que dans sa sollicitude le gouverneur nous avait adjoint par surcroît de précaution. Il nous fut d'une très grande utilité pour l'organisation de notre camp et de nos gardes de nuit et nous rendit, d'ailleurs, toute sorte de services. C'est un homme très intelligent, plein d'entrain, dont la compagnie nous fut fort agréable.

Le 30 mars, à midi, nos boutres mouillaient au fond du Gubbet, devant le col qui mène à Bahr-Assal. Nous débarquions aussitôt et installions notre campement à moins de cent mètres du rivage, sur une sorte de presqu'île qui sépare du Gubbet un ancien cratère; aujourd'hui envahi par la mer.

Dès le lendemain nous commencions nos explorations dans la vallée d'Assal. Le côté du Gubbet-Kharab avait été suffisamment étudié lors de mon précédent voyage, pendant les cinq jours que nous y fûmes retenus par le mauvais temps. C'est donc à l'étude et à la

description de Bahr-Assal, littéralement « mer de sel », que sera consacré
notre temps et ce chapitre.

Le Gubbet-Kharab est séparé par un
seuil de partage, d'un immense cirque
de forme elliptique, au fond duquel se
trouve le lac Assal (Bahr-Assal).

On accède à ce seuil séparatif, par
un col dont le point culminant est à
deux kilomètres du rivage et à une altitude de cent mètres.

Sur la droite de ce col, au nord,
règne une falaise à pic formée de laves,
haute d'environ quatre-vingt mètres, et
surmontée d'un petit tronc de cône,
auquel les hydrographes ont donné le
nom de « bonnet turc ». A gauche, au
sud, se trouve un grand cratère de plus
de mille mètres de diamètre, qui mérite
d'appeler particulièrement notre attention : Tandis que la cheminée des
autres cratères, si nombreux en cet

endroit, est restée vide, offrant à l'œil
un gouffre noir, profond, souvent insondable et rempli d'eau, c'est en pleine
activité que lui s'est brusquement arrêté et fixé en l'état actuel. C'est aujourd'hui une sorte de lac de lave figée,
fendillée, boursouflée, comme il se produirait pour un creuset colossal de
verre grossier et blêâtre en fusion,
qu'on laisserait se refroidir et se solidifier. Cette surface vitreuse est sensiblement horizontale. A distance, ces
ondulations rigides miroitant au soleil,
font l'effet d'un coin de mer aux vagues
soudainement immobilisées, par un
phénomène inexpliqué.

De ce cratère se détachent trois
grands couloirs qui lui servaient de
déversoirs ; ils sont encore remplis de
laves figées, ayant conservé la forme
ondulée de la période active.

Le plus important de ces couloirs,

véritable rivière de lave, descend vers le Gubbet, dans la direction des îles du Diable ; il a inondé de scories toute cette partie du rivage, sur une étendue de cinq kilomètres de longueur et d'un de largeur. Le second, dans la direction Nord–Est, s'est déversé dans le col lui-même. Enfin, les coulées du troisième se sont dirigées au Sud-Ouest, vers le lac Assal.

Toute la partie comprise entre le Gubbet et le lac est profondément convulsée : dans une étendue de huit kilomètres sur six, on ne compte pas moins de huit cratères éteints, plus ou moins importants. Aussi le sol en est déchiqueté par des crevasses profondes, des ravins tortueux aux berges érodées ; à chaque instant on se heurte à de hautes falaises à pic comme des murs et couvertes de laves, ou à des pans de montagne culbutés ; de toute part règne un indescriptible chaos.

Il faut cependant excepter de ce bouleversement la petite vallée qui descend
du col vers le lac : là, on se trouve
évidemment en présence de l'ancien lit
de la mer ; le sol est pour ainsi dire
dallé d'une croûte de calcaire coraillien
rempli de coquillages marins.

Le plateau qui forme le faîte de partage, n'a guère que quatre cents mètres
de longueur sur deux cents de largeur.
Au bord ouest se dessine une descente
si brusque vers le lac, qu'à cinq cents
mètres on se trouve déjà revenu à un
niveau correspondant à celui du Gubbet,
laissé au pied de l'autre versant, c'est-
à-dire au niveau de la mer, au-dessous
duquel on continue à s'abaisser rapi-
dement.

Tandis que tout est noir, couvert de
laves et de toutes sortes de déjections
volcaniques, le seuil, le col et la descente ouest sont restés avec leur couche
blanche de calcaire rempli de coquil-

lage, sur laquelle on ne relève que quelques traces accidentelles de scories. Il est donc probable qu'ils ont émergé après la période éruptive.

Le lac Assal est situé à huit kilomètres et demi du Gubbet-Kharab. Il a la forme d'une ellipse dont le grand axe, de direction Est-Ouest, mesure environ huit kilomètres et le petit six. Sa surface est à cent quarante-neuf mètres au-dessous du niveau de la mer. Au Sud-Ouest, il reçoit une source salée chaude à la température de soixante-dix degrés, de faible débit ; et, au Nord, une source salée, froide, de plus fort débit.

Tout l'ouest de ce lac est couvert d'une couche de sel épaisse et très unie, en forme de croissant, d'environ douze kilomètres de développement, sur deux dans la partie la plus large du segment. Le fond lui-même est incrusté d'un

dépôt de même nature. En sorte que
l'eau non encore entièrement trans-
formée en sel, mais portée à saturation
presque complète, est enfermée dans
une sorte de cuvette colossale, déjà
fermée en partie par le haut. C'est
bien évidemment la transformation
complète qui s'opère, lente mais continue, de toute l'eau du lac en une masse
de sel, au fur et à mesure que se produit l'évaporation, sous l'action cons-
tante d'une température qui ne s'abaisse
jamais au-dessous de trente degrés, et en
dépasse souvent soixante en cet endroit.

Sur tout le pourtour de la vallée de
Bahr-Assal règne une zone blanche
d'environ 50 mètres de hauteur si
nettement tranchée qu'elle saute à l'œil
de loin, sitôt qu'on est en vue du lac.
Témoignage certain de la décroissance
continue du niveau des eaux. Elle
démontre aussi, d'une façon non moins

évidente, qu'au moment où cet arrière-
golfe fut séparé de la mer et trans-
formé en lac, le niveau supérieur de la
zone blanche était naturellement celui
de la mer elle-même dont ce lac faisait
alors partie. Cette assertion n'est pas
contestable, car si l'eau eût jamais
monté à un niveau plus élevé dans la
vallée d'Assal, plus haut aussi elle
aurait nécessairement laissé sa trace.

D'autre part, on ne saurait objecter
que ce dépôt blanc n'a commencé à
s'effectuer qu'au moment où les eaux
ont eu acquis un plus grand degré de
densité par l'évaporation, car dans
cette hypothèse nous n'aurions plus
une zone si tranchée, mais, au contraire, une teinte allant en se dégra-
dant par le haut, puisque les eaux
eussent contenu en suspension une
proportion de matières sédimentaires
de plus en plus grande, au fur et à
mesure qu'aurait diminué leur volume.

Mais il n'en est rien, cette bande blanche est nettement limitée par un plan d'une horizontalité parfaite, que l'eau seule peut donner sur une si vaste étendue. Ce plan supérieur, ancien niveau de la mer, étant aujourd'hui de 100 mètres plus bas qu'elle, il y a donc eu affaissement de la cuvette du lac en même temps que du Gubbet-Kharab.

Voici vraisemblablement dans quel ordre se sont succédé les phénomènes, qui ont amené l'état actuel de cette région.

Tout porte à penser que primitivement, avant que le Gubbet-Kharab et Bahr-Assal fussent annexés à la mer par une convulsion sismique, la baie de Tadjoura servait d'estuaire au fleuve Aouache, ainsi que semble l'indiquer la ligne de lacs laissés à l'ouest d'Assal, sur un parcours de près de 100 kilomètres. Il est donc probable qu'à une époque tellement lointaine qu'aucune

tradition, aucune légende n'en a trans-
mis la souvenance, ce fleuve aujour-
d'hui sans issue, dont les eaux s'in-
filtrent souterrainement à travers les
sables, coulait autrefois vers la mer
dans un lit dont ce chapelet de lacs est
resté la trace, et passait à Bahr-Assal
et au Gubbet-Kharab pour venir se
jeter dans le golfe de Tadjoura, à l'endroit même de la grande passe; car
nous avons vu précédemment que la
petite passe était due à un bouleversement du sol.

Un premier phénomène a dû soule-
ver toute la région et barrer le cours
du fleuve par un seuil formidable d'environ 70 kilomètres de largeur, tout en
lui aménageant des écoulements souterrains par la dislocation même du sol
brusquement soulevé. Alors a commencé la période d'activité volcanique.
Puis, le sous-sol excavé, vidé, s'est

effondré avec tout le massif, laissant béantes ces cavités immenses, qui forment aujourd'hui le Gubbet et le lac Assal, dans lesquelles la mer s'est alors précipitée.

Très probablement le grand cratère, aux laves figées, eut plus tard une reprise d'activité de peu de durée, et le sous-sol déjà tout disloqué par le premier effondrement, encore mal tassé, excavé à nouveau par ce regain d'activité, s'effondra plus profondément encore ; et c'est alors que le fond du lac Assal descendit de 100 mètres et que le seuil séparatif s'exhaussa : soit que la chute de ces masses, agissant sur les fonds en les comprimant, ait soulevé le lit de la mer en un plissement qui a formé ce seuil, ou que ce soulèvement soit dû aux efforts du grand cratère, surpris et arrêté dans sa tentative de réactivité par une invasion de la mer dans ses gouffres souterrains.

La surface du lac est actuellement à 150 mètres au-dessous du niveau de la mer, et le dessus de la zone blanche à 100 mètres : l'affaissement a donc été de 100 mètres et la hauteur d'eau évaporée de 50 mètres.

En faisant des observations de quelque durée sur la progression de cette décroissance des eaux, on pourrait peut-être arriver à connaître approximativement l'époque de la dernière convulsion sismique.

Cette zone si nettement tranchée par une courbe de niveau parfaite doit sa blancheur à une cristallisation très serrée de sulfate de chaux, s'étendant de haut en bas jusqu'au bord de la nappe d'eau. Phénomène assez singulier, mais non inexplicable et, en tout cas, incontestable, puisque j'en ai extrait et rapporté quelques cristaux ayant la forme bien caractéristique du fer de lance.

7.

Parmi les indigènes notables qui nous avaient accompagnés dans notre expédition se trouvait Hamed, le fils cadet de Loïta. Pendant notre séjour au lac Assal, d'autres donakils armés vinrent se joindre à eux ; ils étaient envoyés par le sultan de Tadjoura et par le père du jeune Hamed ; ce qui portait à une dizaine le nombre de nos hôtes indigènes.

Rien de saillant ne vint accidenter notre exploration. Des dépêches, fabriquées à Massaoua et publiées par les journaux européens, ont bien annoncé que nous avions été attaqués et repoussés par les Assaïmaras, mais il n'en a rien été, et notre surprise a été grande quand l'existence de ces dépêches nous a été connue, à notre retour en France. Il n'est cependant pas douteux que ce projet d'attaque ait été formé par les Italiens et inspiré à leur créature Mohamed Emphalé (l'origine

des dépêches le démontre), et que ce
sultan ait tenté de le réaliser, mais ses
fameux guerriers n'ont pas osé l'exécuter. Nous étions là quarante fusils
dont vingt-cinq Gras, douze Remington
et trois fusils de chasse et, ma foi, affronter un pareil armement était chose
épineuse. Or, la prudence de ces guerriers nocturnes est au moins égale à
leur bravoure ; ce fut en cette occurence
la première qui l'emporta sur leur pro-
blématique valeur. Mais, leur vantardise n'y perdit sans doute rien, car ils
n'auront pas manqué, à leur retour
parmi les leurs, de se vanter de nous
avoir fait fuir.

Nous avons su depuis, qu'après notre
départ ils se portèrent à l'emplacement
de notre camp, réunirent en tas les
débris de caisses, de bois, de paille,
de chiffons, etc., abandonnés par nous,
y mirent le feu et dansèrent autour en
poussant de platoniques hurlements

guerriers. Ce devait être d'un grotesque tordant.

J'ai expliqué précédemment comment ces gens-là espionnent une expédition pendant plusieurs jours avant de se risquer à l'attaquer ; il nous avaient donc observés ou fait espionner, suivant leur coutume, et leur intention de nous massacrer existait bien certainement ; mais ils n'avaient pas osé le faire, et ne se livrèrent à leur ridicule démonstration, que lorsqu'ils furent bien certains que nous n'étions plus là.

A notre retour, nous apprîmes que sitôt après notre départ d'Obock pour nous rendre à Assal, le gouverneur reçut, en effet, une lettre de Mohamed Emphalé lui déclarant que nous serions tous massacrés ; oui, massacrés, rien que ça. Il ajoutait qu'il en serait de même de tous ceux qui iraient à Bahr-Assal. Le complot n'est donc pas douteux ; mais lorsque ces héros de la brousse virent qu'il fallait affronter quarante fusils et que dans la troupe se trouvaient quatre Européens, ils n'eurent pas un instant d'hésitation, ils se tinrent tranquilles et embusqués au loin. Ils voulaient bien massacrer, mais ne pas risquer leur sale peau.

Enfin, les Italiens en furent pour leur argent et la honte d'avoir médité un si lâche guet-apens. Des Européens préparant le massacre d'autres Européens au milieu de ces hordes sauvages, est une infamie qu'un Français n'eût jamais commise, ni seulement envisagée.

Maintenant quelques mots rétrospectifs sur la tenue des Donakils, nos hôtes. Nous faisions préparer pour eux la même nourriture que pour nos Abyssins, consistant principalement en riz cuit avec du mouton ou du beurre. Ils étaient enchantés de cet ordinaire, et l'on voyait bien qu'ils n'étaient point accoutumés à une telle abondance. Quand ils avaient achevé de manger, ils ramassaient la graisse qui restait au fond du plat et s'en oignaient les cheveux et les doigts de pieds.

C'est, d'ailleurs, une coutume chez tous les indigènes, de se répandre de l'huile ou de la graisse sur la tête ; on en voit dont les cheveux ou le crâne, s'ils se le sont dénudé, en ruissellent littéralement.

Le 5 avril nous fîmes nos préparatifs de départ et embarquâmes notre matériel et nos animaux, de façon à être prêts à nous mettre en route, sitôt que le permettrait l'état de la mer, en ce moment un peu houleuse.

Le 6, à 5 heures du matin, nos boutres hissaient leur voile pour notre retour à Obock.

La mer assez dure déjà pour nos

boutres au moment du départ, allait grossissant de plus en plus et par surcroît de malechance, nous avions le vent debout ; ce qui nous obligeait à courir bordées sur bordées, pour faire, en somme, très peu de chemin, à peine la moitié de la distance parcourue par les boutres. Ne voulant pas, dans de telles conditions, tenter de franchir la sortie du Gubbet, force nous fut de relâcher, à une heure du soir, à la baie de Det-Hara, à environ deux milles de la passe, pour n'en repartir qu'à 3 heures du matin ; mais pour nous arrêter plusieurs heures encore devant la sortie, que nous ne parvînmes à franchir qu'à 1 heure après midi.

Dans le golfe de Tadjoura, le mauvais état de la mer était encore plus accentué ; nos boutres étaient tellement secoués et embarquaient de tels paquets de mer, que nous dûmes chercher un refuge sur la côte Somali, à 6 heures

du soir, pour n'en repartir que le lendemain, à 3 heures du matin.

Enfin, le dimanche 9 avril, nous arrivions à Obock, à 1 heure du matin,
après une absence de douze jours.

N'ayant plus rien à faire pour le
moment dans la colonie, la saison étant
d'ailleurs trop avancée pour tenter
quoi que ce fût, je fis mes préparatifs
pour rentrer en France par le courrier
de la côte orientale d'Afrique, qui était
attendu à Obock pour le 11 avril.

VII

Le moment me paraît opportun pour
donner, en attendant le courrier de
France, un aperçu de l'état écono-
mique, politique et militaire de notre
colonie, et de signaler la situation
fausse et pleine de périls qui nous est
faite dans l'Océan Indien, par la dépendance dans laquelle nous sommes
tombés vis-à-vis de l'Angleterre.

La possession d'Obock est pour la

France d'une importance politique de premier ordre : située sur le cap Bir (Raz Bir), à quatre-vingts kilomètres du débouché de la Mer Rouge, sa position militaire est supérieure à celle d'Aden, qui en est à deux cents kilomètres.

C'est d'ailleurs le seul établissement français qui soit en situation de surveiller et protéger les lignes d'Extrême-Orient, d'Australie et de Madagascar, desservant nos colonies et nos protectorats dans les mers des Indes et de l'Océanie.

Obock, placé précisément à l'étranglement de Bab-el-Mandeb, que doivent franchir les lignes maritimes rapides de toute l'Europe, avant de s'éparpiller à travers les mers de l'Orient, serait non seulement d'un puissant secours pour nos flottes, mais encore une menace redoutable pour les navires de guerre ou de commerce d'un ennemi éventuel. Quelques croiseurs rapides sortant du refuge d'Obock, suffiraient pour rendre éminemment dangereuse pour ces navires, toute navigation dans le golfe d'Aden et le sud de la mer Rouge. En tout cas, cet ennemi serait au moins contraint d'immobiliser sur ce point une force navale importante.

La situation militaire d'Obock devrait être complétée par l'armement de Cheik-Saïd, dans la mer Rouge, et d'un établissement sérieux sur ce point. Par ces dispositions on ne deviendrait pas maîtres absolus des deux côtés du détroit, mais on occuperait une position comparable aux meilleures. Nous serions en état de lutter avantageusement, et de répondre coup pour coup à la moindre tentative de vexation de la part de nos aimables voisins d'Outre-Manche.

Obock commande en outre le golfe de Tadjoura, sur lequel aboutissent

plusieurs routes de caravanes du Choa,
des pays Galla et Afar. C'est aussi le
côté par lequel les souverains d'Abyssinie peuvent le plus facilement se
créer, par mer, un débouché commercial et des relations politiques. En
tenant le golfe de Tadjoura, on possède
donc un moyen puissant d'action sur la
politique de l'Abyssinie.

Cependant, malgré cette position
incomparable, tant comme centre d'é-
changes commerciaux que comme point
de ravitaillement et de refuge pour nos
navires, et surtout comme centre d'une
sphère d'influence, Obock est resté
dans un état d'insuffisance notoire :
sans outillage maritime, sans port,
sans dépôts d'aucune sorte, hors de
possibilité de remplir le rôle considérable auquel il semble naturellement
destiné.

Notre situation dans cette partie du

globe est même précaire et pleine de
dangers; car nous nous y sommes placés, par notre coupable incurie, sous la
dépendance absolue de nos pires ennemis. Jetons d'ailleurs un coup d'œil
sur les positions respectives de la
France et de l'Angleterre dans l'Océan
Indien, au point de vue de leurs installations, de leur outillage et des
approvisionnements de guerre :

La tonne de charbon coûte de 38 à
42 francs à Aden, à Périm, à Maurice
et dans tous les nombreux dépôts anglais; tandis que dans les rares dépôts
français, son prix atteint une exagération ridicule : il est de 73 à 75 francs
à Obock, par exemple.

Les Anglais visent, au contraire de
nous, à livrer leur charbon à des prix
assez bas dans leurs colonies, et ont
souci d'y en entretenir des dépôts abon-
damment pourvus. Les navires de tous
pavillons peuvent ainsi s'approvision-

ner sur ces marchés à des prix conve-
nables. Sauf le cas où, pour être désagréables à un rival engagé dans une
expédition coloniale, ils déclarent le
charbon « munition de guerre ».

Le but fort intelligent, il faut le reconnaître, que poursuivent les Anglais
en procédant ainsi, est de forcer les
navires étrangers à relâcher dans leurs
colonies pour s'approvisionner. Il en
résulte pour eux une foule d'avantages :
vente de leur charbon, perception de
droits de phares et de port, vente de
vivres et d'eau aux navires, travail
pour les ouvriers de la colonie et,
comme conséquence, affluence de colons
de toutes catégories, assurés de trouver
des débouchés à leur commerce et du
travail; pour les commerçants et les
hôteliers : recette de l'argent dépensé
par les passagers; enfin, point politique et militaire capital, sujétion des
autres pavillons aux ports anglais et

indépendance complète de celui de la Grande-Bretagne.

Ce que je viens de dire du combustible existe également pour l'eau, les réparations de navires et les communications télégraphiques. Toutes les régions qui avoisinent le golfe d'Aden étant plus ou moins dépourvues d'eau, et les citernes étant trop souvent à sec, à cause de la rareté des pluies, on a recours à la distillation de l'eau de mer pour l'alimentation publique. Or, l'eau distillée se vend 12 francs la tonne à Aden et 60 francs à Obock; on en a à discrétion à Aden et on est, au contraire, très limité à Obock. C'est donc à Aden, qui possède en outre des magasins et un commerce important, que les navires de guerre et de commerce de tous pavillons vont faire leur approvisionnement de charbon et d'eau.

L'Angleterre possède seule des cales et un outillage sérieux dans l'Océan

Indien, à Maurice, Bombay et Calcuta;
en sorte que, pour la moindre avarie,
nos navires sont obligés de se rendre
dans un port anglais pour y faire faire
leurs réparations. Il va sans dire que
nos bons voisins les font quand et au
prix qu'il leur plaît. En dehors des
ports anglais, nos navires ne pourraient se faire changer un boulon ou un
rivet; leur remise en état de naviguer
dépend absolument du bon plaisir de
nos voisins.

Quant aux communications télégraphiques, toutes les colonies et tous les
protectorats anglais sont reliés à la
mère-patrie. Le protectorat sur le sultanat de Zanzibar est à peine proclamé
que déjà un cable est en immersion
entre Maurice, les Seychelles et le sultanat, qui, étant lui-même relié à Natal,
met ces divers points en communication avec Londres.

La France, au contraire, n'a aucune

communication directe et ne peut correspondre avec ses navires, ses colonies, ses protectorats, sans passer par les stations et les cables anglais.

En cas de conflit dans l'Extrême-Orient ou dans l'Océan Indien, les Anglais peuvent donc nous refuser du charbon, de l'eau, fermer leurs cales à nos navires désemparés et refuser de laisser passer nos cablogrammes. Telle est la situation. N'oublions pas, du reste, que pendant l'expédition du Tonkin, ou les faits de guerre s'y rattachant, les Anglais refusèrent du charbon à nos navires.

Autant donc est admirable et complète l'organisation de l'Angleterre, dans toutes ces combinaisons pour rester partout prépondérante, autant est inconsciente, vaine, précaire l'organisation française, qu'un caprice, le mauvais vouloir ou la jalousie de notre acrimonieuse rivale peut jeter dans le désarroi le plus complet, dans l'impuissance la plus lamentable.

Tandis que nous faisons un nid à fonctionnaires du moindre coin de terre qu'on nous abandonne, que nous y réglementons, administrons, tracassons nos colons, sans rien créer d'utile, l'Angleterre se borne, comme à Périm, à favoriser des installations industrielles. Une poignée de Cipayes occupe une caserne isolée de la ville, et cela lui suffit pour commander la « Porte d'Orient », Bab-el-Mandeb. Si une puissance s'approchait trop près de son rocher, vous verriez aussitôt ses câbles fonctionner et, grâce à l'admirable organisation de ses relais coloniaux, ses cuirassés et ses soldats accourir d'Aden, de tous les points de la Méditerranée et de l'Océan Indien.

En pareille occurrence, nous serions incapables de secourir nos colonies menacées : pas de câbles pour appeler, pas d'eau, pas de charbon ou à quel prix ce dernier !... Des marins admirables, mais des navires dont il vaut mieux ne pas parler.

Aussi, à la moindre aventure dans laquelle nous nous trouvons engagés, nous voyons s'ouvrir l'ère des temporisations, des explications oiseuses, vaines, que suivent l'envoi tardif d'expéditions mesquines, de navires démodés, sans valeur marine, avec de ridicules poignées de soldats.

L'Angleterre, elle, n'est jamais prise au dépourvu : au moment opportun ses navires et ses troupes surgissent tout à coup, on ne sait d'où, comme par enchantement. Puis, quand son coup est fait et qu'on arrive pour lui demander des explications, on se trouve en présence du fait accompli. Il faut alors se borner à des protestations platoniques, pendant que l'Angleterre complète ironiquement son œuvre.

On l'a vue procéder, lors de la mort
du sultan de Zanzibar, Saïd Bargach,
et tout dernièrement encore à l'occasion
de la tentative de résistance du jeune
kédive d'Égypte. A peine Saïd Bargach
était-il mort, que quatorze cuirassés
anglais mouillaient sur la rade de Zanzibar, comme si cette mort eût été
prévue à heure fixe. Pour l'Égypte, en
même temps qu'elle apprenait que le
kédive venait de s'entourer de ministres
de son choix, l'Europe recevait aussi
la nouvelle du débarquement de quelques bataillons anglais, que des navires
promenaient par hasard dans le canal
de Suez, et que d'autres bataillons qui,
par une heureuse coïncidence, allaient
aux Indes, seraient arrêtés à leur passage dans le canal, pour contribuer à
assurer en Égypte un ordre que personne ne troublait.

VIII

Le 11 avril, à 5 heures du soir, je
m'embarquai sur l'*Amazone*, navire
du type *Peï-Ho*, déjà décrit, arrivant de
Maurice, la Réunion, Madagascar,
Zanzibar, Aden et faisant route pour
Marseille. En rade d'Obock, près de
nous, se trouvait ce jour là le *Sham-
rok*, transport de l'État, allant en
Extrême-Orient.

Le départ avait été annoncé pour 6
heures, mais nous ne prîmes la mer

8.

qu'a 9 heures et demie. Bientôt nous doublions le cap Raz-Bir et Obock disparaissait derrière lui.

Les passagers étaient assez nombreux, principalement en seconde classe; en première nous n'étions qu'une vingtaine; de ce nombre faisaient partie deux capitaines de frégate, dont le commandant du *Labourdonnais*, croiseur qui venait de périr à Madagascar dans un cyclone. Les officiers survivants et une partie de l'équipage du navire perdu, se trouvaient également à bord, rapatriés par l'*Amazone*. Trente-quatre marins, dont trois officiers, avaient trouvé la mort dans cette catastrophe ; et le commandant lui-même, grièvement blessé à la tête, ne dut la vie qu'à un miracle, après avoir soutenu contre le redoutable phénomène une de ces luttes héroïques si communes chez nos marins.

Les fonctionnaires étaient déjà plus

nombreux à bord que dans ma précédente traversée : c'était le début de la saison, la migration commençait et ces messieurs en étaient comme les premières hirondelles ; soit dit sans vouloir déprécier la légèreté et la gentillesse de ces oiseaux familiers.

Désireux de visiter le Caire et Alexandrie, que je n'avais pas revus depuis bien des années, je me fis débarquer dans le canal à Ismaïlia, après avoir fait viser mon billet, afin de pouvoir l'utiliser sur les bateaux de la compagnie, qui font le service entre Alexandrie et Marseille. Le commissaire du bord me réclama cinq francs, pour droits de débarquement dans le canal, compris transport à quai par une chaloupe de l'administration, m'avertissant que, par suite d'un accord avec la compagnie de Suez, je n'avais plus rien à payer, que les Messageries maritimes se chargeaient de tout. Quel ne fut donc pas mon étonnement lorsque, arrivé à terre, une sorte de butor au service du canal se précipita au devant de moi, en criant : « Venez acquitter les droits de débarquement. » Je lui déclarai que je les avais payés au commisssaire de l'*Amazone*, lequel m'avait bien expliqué que je n'avais plus rien à débourser, que c'était une affaire à régler entre les deux compagnies. Cet enragé se mit à crier plus fort : « Ça ne me regarde pas... saisissez ses bagages..., etc. ». Bref, le capitaine de port, attiré par les hurlements de son subordonné, me pria d'entrer dans son bureau. Il fut très poli, mais exigea néanmoins le paiement d'un droit de cinq francs, alléguant que la compagnie des Messageries maritimes m'avait fait payer à tort, et me donna un reçu de la somme, en me promettant de faire une réclamation à mon profit.

Je n'ai, c'était prévu, plus entendu
parler de rien ; les deux compagnies
ont chacune conservé l'argent versé.
Cinq francs ne sont pas une grosse
affaire, et je ne signale le fait qu'en
raison de la malpropreté de ces procédés carottiers, dont sont à chaque instant victimes les voyageurs.

A midi et demi, je pris le train du
Caire, où j'arrivai à 4 heures et demie.

Quelle déception m'y attendait, quels
changements !... La capitale de l'Égypte
s'était modernisée : Pour la mettre à la
mode européenne, on l'avait traversée
de boulevards aux alignements bêtes
et, pour ce faire, on avait éventré ses
rues si pittoresquement tortueuses, si
intéressantes avec leurs belles mos-
quées précieusement ouvragées, leurs
maisons aux moucharabies discrètes,
leurs palais impénétrables, aux jardins

mystérieux ; on avait bouléversé ses souks si animés, où se pressait une foule de marchands et d'artisans, trafiquant des riches produits de l'Égypte et de l'Asie.

Cette ville, qui m'avait autrefois captivé par sa saisissante originalité, cette rivale des plus merveilleuses cités de l'Asie, toute pleine encore de glorieux souvenirs, d'immortelles légendes, « El Masr [1] » (*la Victorieuse*), capitale de cette terre où de tout temps se sont débattues et dénouées les destinées du Monde, n'était plus qu'une ville déchue, un vil bazar moderne, rococo, puant le mauvais lieu, tenant de la station balnéaire à rastaquouères et de la ville nègre.

Tout un nouveau quartier s'élève à présent sur des emplacements arrachés à l'Esbékié, ce jardin créé par Bona-

---

[1] Nom arabe du Caire.

parte; et sur ces terrains cupidement rognés par quelque arpenteur ignare, on a bâti à l'européenne des maisons de cinq étages; c'est laid, et l'on sent bien que ces gens-là ne se doutent point, combien en Orient, une maison à étages est incohérente et bête.

Pauvre Égypte, est-elle assez fin d'époque, fin de siècle, fin de tout. Il ne lui manquait plus, pour l'achever, que l'égoïste domination de ces Anglais, qu'elle a en horreur, plus que je ne saurais le dire. Mais, mon Dieu, quel crocodile ça lui fait au fond de son puits! [1].

Le courrier de Marseille devant par-

---

[1] Dicton arabe : « Avoir un crocodile au fond de son puits », signifie avoir un secret de famille fâcheux; être menacé de déshonneur ou de ruine par un événement redouté; être sous le coup d'une chose menaçante qui empoisonne l'existence.

tir le dimanche, 23, je me rendis à
Alexandrie deux jours à l'avance, afin
de voir mon vieil ami A.-B. et visiter
la ville.

Enfin, le 23, je m'embarquai à
9 heures du matin sur le *Niger*, des
Messageries Maritimes. Je regrette de
ne pouvoir, cette fois, adresser à cette
Compagnie les félicitations que mérite
généralement la tenue et le confort de
ses bateaux. Je pense qu'elle ignore le
déplorable état dans lequel est tombée
sa ligne Marseille-Alexandrie, et je me
fais un devoir de le lui signaler.

Il serait difficile d'imaginer un navire plus mal tenu, plus sale que l'était
le *Niger;* il était couvert de toutes
parts d'une couche formée de rouille et
de crasse de vilain aspect, qui se fen-
dillait et se détachait par plaques; sorte
de lèpre des choses qui périssent aban-

données. Le plancher du roufle d'arrière s'en allait en esquilles pourries et, pour masquer ses tares, on y voyait appliqué quelque chose qui ressemblait à du diachylum; emplâtre suspect et répugnant, sur lequel on était contraint de se promener.

Tout à l'entrée des premières classes, on avait déposé à babord des cages contenant des milliers de cailles, et à tribord d'autres cages remplies de tomates. Aussi, dès le lendemain du départ d'Alexandrie, une forte odeur de guano s'exhalait de tout ce chargement et vous prenait à la gorge. Cette odeur allait naturellement crescendo, se concentrant à mesure que s'accumulaient sous les bêtes les foyers d'émission. Le troisième jour, cette affreuse puanteur, le relent *sui generis* de toutes ces bestioles, les émanations écœurantes de ce bateau malpropre, toutes ces ignominies combinées fai-

9

saient aux passagers une insupportable
situation. Si bien qu'il était temps
d'arriver à Marseille, car cette saleté
et cette pestilence devenaient dange-
reuses.

Il faut vraiment que le docteur alle-
mand Koch, de plaisante mémoire, se
soit trompé sur les mœurs de son mi-
crobe à virgule : s'il voyageait par
eau, comme l'a prétendu ce savant,
illustre par les vestes remportées, il eût
certainement pris passage sur notre
bateau, car il trouverait difficilement
pour se développer un milieu plus propice.

La table et le service étaient à l'ave-
nant de la tenue du navire. A chaque
repas défilait une série modeste mais
réglementaire de fricots, que n'aurait
pu désavouer une gargote de barrière.
Ces repas étaient néanmoins égayés
par les cocasseries d'un service abraca-

dabrant et les étourdissantes réponses du personnel : un de mes voisins de table ayant réclamé du poivre rouge, le garçon lui répondit respectueusement et avec beaucoup de conviction que cette épice de *luxe* n'était octroyée que sur les grandes lignes ; déclaration qui obtint le succès de fous rires qui lui était légitimement dû. Cela revenait à dire que sur les 75 fr. par jour (300 fr. pour quatre jours) que paie le passager, il n'est pas possible d'en appliquer deux ou trois centimes à lui procurer du poivre rouge.

Un autre passager, croyant qu'on pouvait indifféremment prendre à table de la bière ou du vin, comme sur les autres lignes de la Compagnie, demanda de la bière : elle lui fut refusée, toujours par la même raison que ce *luxe* n'était accordé que sur les grandes lignes. Justement ce passager était muni d'un billet de grande ligne et n'était là que par suite d'un arrêt en route ; il avait donc payé le prix des grandes lignes et le fit observer. Notons en passant que les prix sont d'ailleurs à peu près équivalents, la ligne d'Égypte serait même un peu plus chère. Le cas devenait grave, le garçon se gratta la tête, réfléchit, et le résultat de ses réflexions fut qu'il fallait en référer au maître d'hôtel. Le maître d'hôtel, appelé, se tira le favori de droite pendant quelques secondes, ce qui lui suggéra l'idée d'aller consulter le commissaire. Le commissaire consulta ses règlements et les ayant trouvés tous muets comme des marsouins sur le cas épineux qui lui était soumis, il leva les yeux au plafond, se frappa le front qui rendit un son de calebasse et dit : Ce passager est de grande ligne, c'est indéniable, mais étant avec nous il est sur une petite ligne, il doit être considéré comme passager de petite ligne et conséquemment n'a pas droit à la bouteille de bière qu'il se proposait de déguster à son déjeuner.

Cette réponse eut, comme l'histoire du poivre de luxe, un succès fou d'hilarité. Notez que la bière se vend à bord 1 franc la bouteille, prix inférieur à celui du vin, comme vous allez voir.

Un autre voisin de table ayant demandé la carte des vins partit soudain d'un éclat de rire et nous lut à haute voix les insanités suivantes :

« Vin distingué, la bouteille.   5 f. »

« Vin distingué, la *demi-bouteille* (?) 1 25

« Vin très distingué, la bouteille . . . . 6 »

« Vin de chambre, la bouteille 1 25

Tout le monde crut d'abord à une plaisanterie, mais la carte ayant circulé de main en main, il fallut bien se

rendre à l'évidence. On se tordait littéralement de rire.

Quant aux vins de Bordeaux et de
Bourgogne, il n'y en avait pas une
bouteille à bord, pas plus, d'ailleurs,
que d'eau minérale.

La compagnie des Messageries maritimes considère, paraît-il, comme se-
condaire la ligne d'Égypte; ainsi que
nous l'avons vu, par le poivre rouge et
la bière, elle la classe « petite ligne ».
C'est un tort, un très grand tort, car
ce service est, au contraire, très important, bien plus important que sa
ligne de Madagascar et que certaines
autres de l'Inde; nous ne chercherons
pas à le lui démontrer, il est des choses
qui ne se discutent pas. Ses voyages
circulaires du Levant, avec Alexandrie,
y figurant au même rang que Larnaca,
Alexandrette, Lataquie, etc., sont une
conception de cerveau malade, elle s'en

apercevra bientôt, les compagnies
étrangères sont en passe de le lui démontrer.

On nous a dit, en Égypte, que c'est à
M. Granet que nous devons cette désor-
ganisation des services de la Méditerranée. Que ce soit lui ou un autre, la
gaffe est monumentale.

Il est certain que les Égyptiens, ni
personne d'ailleurs, ne veut plus voya-
ger sur les navires de cette compagnie,
et nos amis nous avaient fermement engagés à nous en abstenir aussi : Pre-
nez plutôt, nous ont-ils dit, les bateaux
de n'importe quelle compagnie, fût-
elle canaque. Notre amour-propre de
Français nous empêcha de suivre leur
conseil et nous eûmes à le regretter.

En résumé, la tenue, sur cette ligne,
des bateaux de notre grande compagnie
de navigation, fait scandale là-bas. Je
l'en avertis parce qu'elle y perd la réputation hors pair qu'elle s'était légiti-

mement acquise. Pour qu'elle n'ait pas le moindre doute sur les faits que je viens de citer, je vais lui suffisamment désigner les personnes auxquelles sont arrivées les aventures du poivre rouge, du vin distingué, et auxquelles a été faite la recommandation de fuir ses bateaux : l'un est un homme du monde, écrivain distingué, qui eut ses heures de célébrité, un nom connu, enfin ; l'autre est un des hommes d'État les plus en vue en Europe, ayant tenu le rôle de premier ministre pendant la plus grande partie de sa carrière politique.

Le 27 avril, à deux heures et demie du soir, le *Niger* entrait dans le port de la Joliette, à Marseille. Il fut amarré au quai réservé aux Messageries maritimes, après une manœuvre assez compliquée, à laquelle prirent part deux petits remorqueurs. A quatre heures nous pouvions, enfin, débarquer et à 6 heures 38, je prenais le rapide me ramenant à Paris, où j'arrivai le lendemain, à 9 heures 10 du matin.

FIN.

4 Angers, imprimerie Lachèse et Cie, chaussée Saint-Pierre, .